# 读行郧阳

**Duxing Yunyang**

## 十堰市郧阳区研学旅行活动课程设计指南

探调水之源　寻恐龙踪迹　访人类老家

主　编　杨崇君
副主编　王先波　王　霞
参　编　李小奔　张红云　袁文平　胡高峰　王君道　赵　云
　　　　崔松涛　胡永国　雷地生　赵荣国　朱　文　李小红
　　　　汪明军　刘　霞　刘　贞

华中科技大学出版社
http://press.hust.edu.cn
中国·武汉

## 内 容 简 介

《读行郧阳》立足于郧阳区推进实施研学旅行实践的现实需要编辑而成。全书设有九个主题,每个主题由"课程简介""课程资源""推荐线路"三个板块构成。其中"课程资源"的介绍覆盖了郧阳区的爱国主义教育基地、文物保护单位、文化场馆、旅游景区、工厂车间、田园村落等众多社会资源单位,内容翔实、数据可考、图文并茂,以期作为对中小学生开展优秀传统文化教育、革命传统教育、乡土乡情教育、自然生态教育、国防科技教育及劳动实践教育的有效参考。

**图书在版编目(CIP)数据**

读行郧阳/杨崇君主编. —武汉:华中科技大学出版社,2021.6(2025.4重印)
 ISBN 978-7-5680-7165-9

Ⅰ.①读… Ⅱ.①杨… Ⅲ.①十堰-概况-中小学-乡土教材 Ⅳ.①G634.591

中国版本图书馆 CIP 数据核字(2021)第 103757 号

**读行郧阳** 杨崇君 主编
Du Xing Yunyang

策划编辑:李 欢 王 乾
责任编辑:李家乐 王梦嫣
封面设计:原色设计
责任校对:李 琴
责任监印:周治超

出版发行:华中科技大学出版社(中国·武汉)　　电话:(027)81321913
　　　　　武汉市东湖新技术开发区华工科技园　　邮编:430223
录　　排:华中科技大学惠友文印中心
印　　刷:武汉邮科印务有限公司
开　　本:787mm×1092mm　1/16
印　　张:12
字　　数:255 千字
版　　次:2025 年 4 月第 1 版第 3 次印刷
定　　价:70.00 元

本书若有印装质量问题,请向出版社营销中心调换
全国免费服务热线:400-6679-118　竭诚为您服务
版权所有　侵权必究

# 前言

郧阳地处神奇的北纬 30°,中国版图"鸡心"的位置,山扼秦蜀,水控荆襄,为四省之藩屏,西楚之门户。这里山清水秀,古老而神秘的汉江穿境而过,巍巍沧浪高过武当,九龙瀑、虎啸滩神奇险秀;这里历史悠久,有史以来生命未断线、文化未断层、历史未断代,是恐龙的故乡、古人类的发祥地、汉文化的摇篮、楚文化的源头,是名副其实的"人类老家";这里是一片牺牲与奉献的红色沃土,在中原突围的主战场上无数先烈血洒南化塘,在南水北调中线工程中 18 万移民舍家为国、远迁他乡;这里是一片生机勃勃的发展沃土,进入新时代,郧阳人民实干苦干、砥砺奋进,打赢防范化解重大风险、脱贫、污染防治三大攻坚战,构建"三新两业"产业体系,提升绿水青山"颜值",做大"金山银山"价值,走上了一条生态优先、绿色发展之路。

习近平总书记指出,"要引导学生从社会主义思想源头和历史演进中,从我们党探索中国特色社会主义历史发展和伟大实践中,认识和把握人类社会发展的历史必然性,认识和把握中国特色社会主义的历史必然性,不断树立为共产主义远大理想和中国特色社会主义共同理想而奋斗的信念和信心"。实践育人始终是重要的教育命题。研学旅行实践课程架起了学校与生活之间的桥梁,把丰富的生活素材引入课堂,用开放、发展的知识教育学生,让教育成为充满生命力的活水。2016 年教育部等 11 部门印发了《关于推进中小学生研学旅行的意见》,明确把研学旅行纳入中小学教育教学计划后,研学旅行在全国中小学校中得到迅速推广和实施。郧阳区借此东风,提出了把研学实践教育作为提高全区教育质量的重要抓手,把研学旅行作为提升旅游人气、促进区域旅游经济发展的重要推手。近年来,在郧阳区人民政府高度重视、高效推进、高质建设下,研学旅行工作快速发展,已建成 14 家研学旅行基地(营地),2019 年全区接待中小学生 10 万人,研学旅行的发展呈蓬勃之势。

快速发展的郧阳研学旅行,需要高质量的地方研学教材的配套。郧阳区青少年活动中心与武汉商学院研学旅行研究策划中心牵手合作，遴选郧阳研学旅行实践教育特色资源，结合各学段教学需求，分别从小学、初中、高中三个学段设计了"探调水之源、寻恐龙踪迹、访人类老家"的主题研学课程体系。小学为"寻'四色'之秀美"；初中为"探'三源'之神奇"；高中为"究'两进'之奥秘"。

全书设有九个主题，每个主题由"课程简介""课程资源""推荐线路"三个板块构成。其中"课程资源"涵盖了郧阳区的爱国主义教育基地、文物保护单位、文化场馆、旅游景区、工厂车间、田园村落等众多社会资源单位，内容翔实，数据可考，图文并茂，以期作为对中小学生开展优秀传统文化教育、革命传统教育、乡土乡情教育、自然生态教育、国防科技教育及劳动实践教育的有效参考。

本书的出版发行，是以实际行动贯彻落实"立德树人"的根本任务和"实践育人"的教育要求，是培养学生综合素质、实践精神和创新能力的有效举措。我国研学实践教育工作的基础在县域，县域研学旅行质量的关键在课程。本书以县域为单位，定位于研学教材教辅，服务于研学课程开发设计，精心遴选并深度提炼县域研学课程资源，是我国首部服务县域研学旅行课程开发设计的教材教参，具有一定的示范效应和推广价值。

本书由武汉商学院研学旅行研究策划中心杨崇君教授主编，郧阳区青少年活动中心王先波、郧阳区教育局王霞老师任副主编，郧阳区作家协会主席李小奔、武汉商学院旅游管理学院张红云副教授和袁文平讲师及郧阳区部分中小学老师参与编写。

本书主要用作郧阳区中小学教师和研学从业人员开发设计研学课程及线路的教材教参。书中选编了许多关于郧阳历史文化资源的内容，因此，本书也可作为一本地域文化特色鲜明的地方教材，是传播郧阳地域文化的一种新的形式和载体。

本书源自郧阳区推进实施研学实践教育的现实需要，成书于编者在郧阳区挂职工作期间的思考，是运用研学旅行理论指导郧阳研学旅行实践形成的文本成果，也是研学旅行理论研究与实践探索互证互哺的总结形式。在此特别感谢郧阳区委、区政府、区委宣传部领导及文旅产业领导小组、郧阳区作家协会的大力支持和帮助！尤其区委书记孙道军同志在百忙之中亲自关心、指导本书的写作。在编写过程中，得到了武汉商学院领导、武汉商学院旅游管理学院领导和同事们的大力支持，以及韩新老师、薛兵旺教授的精心指导，在此一并深表谢意！也特别感谢华中科技大学出版社李欢老师、王乾编辑的倾力相助！在图书编写过程中采用了一些资料，我们一直在积极与相关著作权人联系，但仍有部分未联系上，请在见到本书后与我们联系，我们将按照相关的法律法规支付稿酬。在此，一并致谢、致歉！

由于编者水平有限，加之研学资源的广泛性和专业性，书中难免存在错漏、不妥之处，敬请读者及时批评指正！

主　编

2021 年 1 月于武汉

# 开篇

巍巍武当,滔滔汉江。八百里武当奇峰突起,亘古无双;三千里汉江驻足万顷,碧波荡漾。南水北调"大水井",万古一地大郧阳。

## 探源郧阳 惊奇无处不在

开篇视频

观汉水风光、寻先民足迹、探恐龙之谜、溯通史地域之源。在郧阳,你可以与千秋对话、与沧桑同在、与龙凤共舞,用心感受悠久的文化和灵秀的风光。

**探恐龙故地。**亿万年前,恐龙漫步郧山汉水,繁衍生息。青龙山恐龙蛋化石群是世界保存最完整、分布最广、数量最多、规模最大的恐龙蛋化石群落,"龙蛋共生"世所罕见。在全国中小学生研学实践教育基地——郧阳恐龙蛋化石群国家地质公园,你会被如"兵马俑"般壮观的恐龙蛋化石群所震撼;会为中生代古生物的繁盛而惊叹。每一颗恐龙蛋、每一块骨骼化石,都是生命的奇观。

**访人类老家。**"沉睡百万年,一醒惊天下。"百万年前,"郧县人"择水而居,开启了人类文明的新纪元,2024年"郧县人"被写进人教版历史教科书。"梅铺人"、青龙泉遗址、大寺遗址,弹奏着人与自然和谐共生的乐章。辽瓦店子遗址,抖落历史尘埃,演绎了数千年不断代的地下通史传奇。郧阳抚治,明成化年间设立的一个特别巡抚辖区,创造了"坐镇汉江三千里,独领风骚两百年"的辉煌。文明的曙光在这里点亮,奋进的跫音在这里回响。

**寻千年宝藏。**万年的绿松石,护佑平安吉祥。千年的云盖寺矿,成就了世界绿松石之乡的荣光。生态修复后的矿山,成为遗址保护、科普宣传、旅游休闲的好地方。"银河飞瀑""地心暗河""晶霜秘境",白浪天惊洞里大自然的鬼斧神工,引您无穷遐想。穿越时空隧道,地质与人文的对话,生态智

i

慧与科技创新的碰撞,让身心在这里充分地释放。

**拜调水源头。**位于丹江口大坝之上的郧阳,是名副其实的"大水井"。"湖北移民看郧阳(郧县)",为支持南水北调,郧阳历经两次搬迁、三次移城,18万人背井离乡,"顾全大局、甘于奉献、艰苦奋斗、自强不息"的移民精神镌刻在新时代的丰碑上。共抓大保护,当好"守井人",确保"一泓清水永续北上"的使命,在郧阳代代相传、生生不息。九龙瀑、虎啸滩、子胥湖、沧浪山、汉江绿谷、中华水园,映衬出奇丽灵动的汉江画廊。樱桃沟、山跟前、翻山堰、祥源湾、东方橄榄园,四季风光旖旎,处处鸟语花香。

**溯文化摇篮。**尹吉甫采集《诗经》,屈原留下脍炙人口的诗行,汉文化的弦歌在郧阳代代传唱。府学宫里书声琅琅,大丰仓是湖北最古老的"天下粮仓",博物馆触摸文脉悠长。龙韵文化艺术村传承红色文化、汉水文化、武当文化、恐龙文化,倾心打造武当不夜城文化秀场。中国红色报纸展览馆、中国红色少年纪念馆、龙韵村史馆,红色文化场馆在群星中闪亮。《黑暗传》创世光影宫、元炁武当数字艺术馆、老子剧场,中华优秀传统文化创造性转化、创新性发展竞相绽放。融"家校社、研学旅、大语文、大阅读"于一体的《中国校园文学》"未来作家青苗计划"在国内一流研学营地盛大起航,汉水文化、美食文创、文学艺术在这里荟萃芬芳。

行走课堂,健康郧阳。截至2024年,郧阳拥有国家级研学实践教育基地1家、省级中小学生研学实践营地2家、市级中小学生研学旅行基地(营地)5家、北京市东城区人才康养基地15个,吸引了蒙古、加纳等国家的研学团考察参访,接待了北京、香港、台湾等地学生研学团学习观光。

问道武当,探源郧阳。秘境武当的神奇、古老郧阳的厚重在北纬30°的汉江史诗画廊,带给您不一样的诗与远方!

湖北省十堰市郧阳区文化和旅游局

# 目录

## 小学：寻"四色"之秀美　　1

主题一　绿色生态家园之旅　　3
主题二　红色精神传承之旅　　29
主题三　古色传统文化之旅　　43
主题四　蓝色科技梦想之旅　　58

## 初中：探"三源"之神奇　　77

主题五　清洁水源地之旅　　79
主题六　恐龙故乡之旅　　89
主题七　访人类老家之旅　　106

## 高中：究"两进"之奥秘　　121

主题八　生物演进之旅　　123
主题九　人类进化之旅　　145

附录A　教育部等11部门关于推进中小学生研学旅行的意见　　156

附录 B　湖北省教育厅等 14 部门关于印发《湖北省
　　　　中小学生研学旅行试点管理办法》的通知　　　160

附录 C　十堰市教育局等 12 部门关于印发《十堰市
　　　　中小学生研学旅行工作实施方案》的通知　　　166

附录 D　十堰市郧阳区研学旅行工作领导小组关于
　　　　印发《十堰市郧阳区中小学生研学旅行
　　　　实施意见》的通知　　　　　　　　　　　　171

参考文献　　　　　　　　　　　　　　　　　　　　175
后记　　　　　　　　　　　　　　　　　　　　　　176

# 小学：寻"四色"之秀美

# 主题一　绿色生态家园之旅

## 一、课程简介

研学主题：青山绿水的家园。

研学课程：我们的家园，我们的田园，我们的景园，我们的山林，我们的宝藏。

研学要义：培育乡土乡情，感念家园情怀。

研学基地：樱桃沟村、龙韵村、青龙泉社区、山跟前村；月亮湖生态农业观光园、十堰市现代农业科技示范园、子胥湖采摘园；九龙瀑景区、虎啸滩景区；沧浪山国家森林公园、谭山镇米黄玉工业园、云盖寺绿松石国家矿山公园。

活动时间：1—3天。

融合科目：品德与生活、品德与社会、语文、科学、美术、综合实践活动、地方课程、校本课程等。

## 二、课程资源

### 山水形胜　田园风情

郧阳区地处秦岭南坡与大巴山东延余脉之间，汉江上游下段，是南水北调中线工程核心水源区。郧阳北部属秦岭余脉，南部属武当山，海拔多在800米以上；中部汉江谷地为海拔246—500米的丘陵区。汉江横贯中部，还有堵河、滔河两大支流。郧阳区的山场、耕地、水域、村庄（含道路）分别占国土面积的81.2%、10.3%、4%、4.4%，大体构成"八山半水一分田，半分道路和庄园"的格局。

这里蓝天碧水、花草丛生、飞鸟和鸣，有层峦叠嶂的山坡、碧波荡漾的汉江，处处青山绿水，遍地花果飘香。"环境就是民生，青山就是美丽，蓝天也是幸福"，郧阳人认真落实生态文明观，大力发展绿色产业，从绿满郧阳到绿美郧阳再到绿富郧阳，努力把绿水青山变成金山银山，把山水田园变成家园乐园。

这里有富有诗意的龙韵村，生态良好的樱桃沟村，秀美的月亮湖，景色宜人的子胥湖生态文化公园，雄浑壮观的九龙瀑、虎啸滩，珍稀动植物资源丰富的沧浪山国家森林公园……它们的发展既提高了农民的收入，又守护了碧水蓝天的家园。

郧阳充分彰显绿色、环保的生态特点，追求人与自然和谐共存，在建设十堰生态滨江新区中，巧妙设计景观林、观光林、防护林、水土保持林、山体公园、湿地公园、亲水平台、观景平台、林中步道等各类景点，创设"城在林中、楼在园中、人在画中"的城市发展新格局，全力打造水清、岸绿、景美的生态家园。

在这里,自然之美与人文之美、传统之美与现代之美交相辉映。穿行于郧阳,一幅幅"望得见山、看得见水、记得住乡愁"的新农村画卷徐徐展开,焕发着新时代勃勃生机与绚丽风采。

【导语】伟岸如山,柔情似水。郧阳的山水,孕育了文明,延续了生命。在这里,初春,云里花开,香漫幽谷;盛夏,层峦叠翠,飞瀑鸣泉;金秋,硕果累累,山花烂漫;严冬,银帘飞挂,玉砌冰封……山花烂漫的樱桃沟,雄浑壮观的虎啸滩和九龙瀑,瓜果飘香的子胥湖采摘园,还有那埋藏于地下的绿松石……"绿水青山就是金山银山",近年来,勤劳智慧的郧阳人民勤力深耕,耕出了新生活,耕出了新风尚,耕出了幸福感。

(一)我们的家园

"我们的家园"包括以樱桃沟村为代表的美丽乡村"生态家园",以龙韵村为代表的古韵风情"精神家园"和以青龙泉社区为代表的脱贫致富"新家园"。走进我们的家园,了解乡风民俗,亲近自然,陶冶情操,感受新农村新面貌,探索自然奥秘,增强幸福感、自豪感。

**1. 樱桃沟村**

郧阳区茶店镇樱桃沟村地处十堰市城区和郧阳区接合部,四周群山合围,7.7平方千米的版图单独形成了一个玉玦状的环沟山地,域内植被茂密、村舍交错、曲径通幽,是市民郊游的绝佳目的地。初春的樱桃花、暮春的樱桃果,是樱桃沟村最美的风景。

樱桃沟村的房屋建筑很有特色,为依山傍水的古典徽派建筑村落,隐藏于山间沟谷,拥有百亩花田,随处可见荷花塘、景观墙、水车、石拱桥,游客在这里"看得见山,望得见水,记得住乡愁"。山花烂漫、樱桃诱人、环境优美、村庄洁净、乡风文明的樱桃沟村(见图1-1),连续多年举办樱花节、樱桃节,农民收入持续提高,这里也成为十堰周边市民的休闲目的地。樱桃沟村曾被人民日报社、湖北日报等媒体广泛宣传,先后获得"湖北省新农村建设示范村""湖北省生态旅游示范村""湖北省休闲农业示范点""湖北旅游名村""湖北省首批绿色幸福村""全国最美村镇""全国乡村旅游重点村"等殊荣,摘取了2015年湖北省政府环境保护奖。

**图1-1 花开樱桃沟**

(图片来源:姬廷顺提供。)

走进樱桃沟村,一个生产繁荣、生活宽裕、乡风文明、村容整洁、管理民主的新农村呈现在你的面前,山水林田草、路房树花人皆呈现出一派和谐自然、生生不息的景象(见图1-2)。

图 1-2　醉美樱桃沟

(图片来源:姬廷顺提供。)

## 【研学点1】樱桃园

　　早春,蛰伏了一个冬季的人们,迎着初春的和风与暖阳出门,来到了繁花似锦的樱桃园,陶醉在美丽的樱桃花海里。

　　春天,漫山遍野的樱桃花开了。人们站在山脚向上望,一团团的粉白,如一堆堆还未燃尽的篝火产生的烟雾,又像是天上的织女穿着粉白色的纱裙来到了人间。团团花丛中点缀着红、黄、紫、绿……那是游客在花丛中穿梭、欢笑着的身影;古朴的房屋掩映在浅粉色的樱桃花里,那是最温暖的存在;到了傍晚,炊烟袅袅,花香伴着饭香,更是别有一番滋味。

　　樱桃花凋谢后树上结满青中带紫的果子,如黄豆大小。再过些日子,到"五一"劳动节前后,樱桃便红了。从远处看,一颗颗圆溜溜、红彤彤的樱桃,在阳光的照射下,泛着光。成熟的樱桃颜色鲜红、玲珑剔透、味道鲜美、营养丰富,又有"含桃"的别称,小心翼翼地摘一颗放进嘴里,一股酸酸甜甜的带着清香的味道,让人越吃越想吃。

　　人们赏完樱桃花,尝罢樱桃果,品完特色黄酒、果酒,与家人或朋友一起,漫步于樱桃园中,嗅着满山花果的香气,一种浪漫情怀便油然而生。

## 【研学点2】樱桃小镇

　　樱桃沟村的村口有徽派建筑的集市,每到樱桃花开、樱桃结果(见图1-3)或节假日的时候,村民在这里卖樱桃果、樱桃酒,十分热闹,逐渐形成了远近闻名的"樱桃小镇"。

　　除了樱桃,樱桃小镇最让人留恋的是那些具有时代标志的建筑,它们按照建筑年代被命名为"五零院""六零院""七零院"。这些房子的外观分别代表了樱桃小镇

图 1-3　樱桃沟的樱桃
（图片来源：姬廷顺提供。）

二十世纪五十年代、六十年代、七十年代的农村民居风格。当地按照"风格古朴、功能现代、修旧如旧"的原则，将这些建筑建成为樱桃小镇的新地标。"五零院"里，黄泥土墙、杉木房梁、老式缝纫机、悬挂煤油灯等"老古董"保存完好；同时热水器、大浴缸、转角沙发、茶艺道具等现代化设施也应有尽有。置身其中，人们仿佛有一种穿越时光的感觉。有游客在院子的文化墙上写道，"走进'五零院'，便走进了我的童年"。"六零院""七零院"也是在固有的老屋上建成的，这些建筑既保留了传统元素，又融入了现代功能，让樱桃小镇散发出朴素、纯真的乡村魅力。

## 【研学点3】农耕文化印记

樱桃沟村还保留有石磨、水车、秋千架等农耕文化的记忆。

石磨是以前把米、麦、豆等粮食加工成粉、浆的工具。石磨虽然早已退出了乡村生活的历史舞台，但其作为传统农耕文化的载体，承载着浓浓的乡土回忆。它不仅是良好的景观小品，更是一种有趣的体验工具，游客可以亲身体验一次石磨碾大豆、石磨碾小麦、石磨碾大米，十分有趣。图 1-4 为石磨。

图 1-4　石磨
（图片来源：https://huaban.com/pins/2414539484。）

水车曾经作为一种农业灌溉工具,对农业发展和水利起到十分重要的作用。它立于樱桃沟村的河边,造型美观,质朴典雅。在转动之时,水顺着轮轴而下,增添了几分流动之感。远远望去,俨然一幅宁静的乡村画。夏天来临之际,人们一起涌上水车踩水,欢声笑语充斥河道。

秋千架也是人们心头永远无法抹去的欢乐记忆。一个孩子坐在秋千上,一群孩子叽叽喳喳地从后面推着,欢呼声随着秋千的一高一低荡漾着……

**知识链接**

### 繁花如梦樱桃沟

无论是来过樱桃沟的人,还是不曾来过的人,都会觉得,樱桃沟就是一个梦,一个属于花朵的梦。她灼灼燃烧,却又朴素宁静;她风姿优雅,而不事雕琢。来樱桃沟的人,是一些放不下田园情结的人。因为这里的每一处风景,都可以打动你。樱桃沟就像春日的早上你做一个纯纯的梦,一个有微风拂过、流水悠悠的梦。

三月的樱桃沟是花的世界。樱桃花或三五株,或一排排,就那么自然地掩映在农家房前屋后,静立在道旁田边。一树树洁白中微带浅粉的樱桃花,尽情绽放着自己最美的年华。樱桃花的美,不是那种"桃之夭夭"的妩媚,也不是那种姹紫嫣红的绚丽,而是那种略施粉黛的清丽。一枝枝、一簇簇、一朵朵的樱桃花迎着春天的和风暖阳,在河畔溪边构成一首最美的诗篇。这些长在田野里的花朵,每一瓣都有着阳光的明丽,每一朵都有着山野的灵气,是那些盆栽的温室花朵不可比拟的。

每一株樱桃花,就像一个明媚热情的女子,娴雅地站在路旁等你。宁静的时光,在灼灼燃烧的花海中微微荡漾。蓝天之下,看不到城市高楼,只有白墙灰瓦的农家小楼,它们那么恰到好处地点缀在这花海之中,仿佛中国画中的一处处留白,醒目而自然。洁净的乡村公路九曲十八弯,引领人们从不同角度欣赏千株万株的樱桃花。时间在这里就像一条河流,一路缓缓走来,没有惊涛骇浪,只有平淡安稳,没有车流人海,但闻鸡鸣犬吠,走在田埂上,不时遇到一个荷锄的老者,满脸的皱纹,祥和的笑容,这一切仿佛让人回到梦里的老家。

质朴的农家小院总是敞开着的,如果你走累了,随时都可以走进一家,搬一把木椅,静坐在樱桃树下,喝上一杯老乡家的大碗茶。仰起脸,眯上眼睛,看樱桃花幻化成无数的云朵,飘向遥远的山外。风起的时候,樱桃花雨纷纷扬扬,看那吹弹可破的柔嫩翩翩落下,也许你被世俗锤炼的坚硬的心,也会和我一样,萌动着一种莫名的心疼。

樱桃沟的山谷里,似乎一直萦绕着如纱的薄雾,不知是花的氤氲还是山的灵韵。一拨拨的城里人,驾车来到樱桃沟,拍照留念,踏青赏花,品尝农家风味,呼吸清新空气。

夜幕在山峦上勾勒出苍茫的轮廓,灯火次第的樱桃沟则是另一番别样的美丽。农家小院里,挂着一个个红灯笼,柔和的灯光似少女脸上的红晕,流淌着多情和暖意。樱桃沟的夜,很静,静得只能看到一株株樱桃花的影子。樱桃沟的夜,在幽幽灯火下,又有一种遮掩不住的华丽。一弯新月挂在深蓝的夜幕上,依窗遥望,那些白墙黛瓦的村落安然地落在山的怀抱之中,那么宁静平和,只有满村樱桃花和点点灯火,相看两不厌。

樱桃沟的春天,是缀满花朵的诗篇,是水墨丹青的画卷,是我笨拙的语言不可描摹的情缘。错过春风,错过细雨,你最不能错过的,是樱桃沟的春天!

(资料来源:王霞《繁花如梦樱桃沟》,http://sywb.10yan.com/html/20130324/9378.html,略有修改。)

### 2. 龙韵村

龙韵村位于郧阳区柳陂镇,是集易地扶贫搬迁安置和新农村建设为一体的示范村。该村除安置区外,建有龙韵村落文化记忆街、传统民俗工坊街、汉江文化风情街3条街区55栋场馆,建筑面积逾10000平方米。该村还配套有乡村影院、安幼养老活动中心、龙韵水乡文化广场、商业街、扶贫超市和扶贫作坊实训中心等便民利民设施,是一处具有浓郁文化特色的村落旅游地,2020年入选全国乡村旅游重点村。

## 【研学点1】龙韵艺术街区

龙韵艺术街区分为村落文化记忆街、传统民俗工坊街、汉江文化风情街3条街区,蕴含"藏一汪情怀艺术在田间、留一份淳朴自然在心头、享一种悠然安逸在胸怀、承一代文化底蕴在血液"4个主题。

村落文化记忆街是由易地迁来的24个村依照各自最具代表性的一栋房屋建造而成,以王家学村、梯子沟村、青龙山村、史家院村为代表。这里的每栋房屋都装着一个村落的记忆,装着几代人的记忆。最初建造的目的是要让移民有心理上的过渡,"看得见山,望得见水,记得住乡愁"。黄泥灰瓦的古老房屋,门前有荷花池、旧石磨,墙上挂着金灿灿的玉米、红艳艳的辣椒,荷花池旁青竹翠,柿子树下菊花黄。走进这条以泥土黄为主色的长街,人们就像走进一张发黄老照片的梦里老家。图1-5为龙韵艺术村塔。

传统民俗工坊街上有郧阳龙须草编织馆、阳春小镇·花布工坊等手工作坊。汉江文化风情街上,迎风招展的酒旗,乡音传唱的二棚子戏,手工酿造白酒的初酒工坊,陈列着千姿百态的汉江石的奇石馆无不浸润着郧阳风俗、郧阳印记。循着香味走进一家家朴实的老店,人们早已被土鸡汤、全猪宴、秦家牛腿等特色美食吸引,纯正好食材,地道郧阳味,味蕾深处的感受让来到这里的每一个人都能体验舌尖上的郧阳美味。

主题一　绿色生态家园之旅

图 1-5　龙韵艺术村塔

（图片来源：https://www.meipian.cn/29ilcdee。）

## 【研学点 2】易迁安置区

龙韵村的易迁安置区是郧阳新农村建设的窗口,是精准脱贫实践及美丽乡村振兴的样板。该易迁安置区于 2016 年 11 月动工,2017 年 10 月实现首批易迁户入住,一幢幢干净整齐的小楼安置了全镇 24 个易迁村 918 户 3211 人。图 1-6 为龙韵村街景。

(a)　　　　　　　　　　　(b)

图 1-6　龙韵村街景

（图片来源：姬廷顺提供。）

小区内绿地宽敞,道路洁净,树木修剪整齐,四季花草芬芳,凉亭、长椅、健身器材、分类垃圾桶一应俱全。村民们三三两两在亭子里说笑聚会,孩子们欢快地在草地上嬉戏。为了让群众搬得来、住得好、稳得住、能致富,柳陂镇引进柳航袜业扶贫项目,在龙韵村建设袜业车间,在村口配套建设 100 亩（1 亩≈666.67 平方米）香菇种植基地,因户制宜实施万元薪、万元院、万元林、万元园、万元圈、万元宿、万元铺、万元棚等产业项目到户工程。这里真正实现了"安幼养老都兼顾,不出村口一样致富"。

**知识链接**

### 龙韵村:在时光深处感受古韵悠然的宁静生活

"夏至端阳蝉始鸣,烈日炎炎伏热生。"十堰最近一直被高温天气笼罩,汗流浃背的你是否向往一块天然的清凉之地,惬意度夏呢?本报特推出"乡村避暑线路"专栏,向你推荐十堰市各地的乡村避暑地,今天记者带你走进郧阳区柳陂镇龙韵村。

走进郧阳区柳陂镇,只见一座座青山紧相连,一朵朵白云绕山间,碧波荡漾的江水边,安卧着一排排白墙黛瓦的村庄,在山环水映间,在旖旎风光中,绿树掩映下的龙韵村宛若一幅山水画。近年来,这里整治库岸,依水之陂植柳、植槐,拓游人步廊,一汪绿莹莹的湖水,一道槐柳纷披的游步道,勾画了别有风致的柳陂。一畈畈,一畦畦,菜花黄,桃花红,蜂飞蝶舞,花开不断,果蔬丰富,吸引了一批又一批前来游玩的人们。村民、游人三五穿行,与宁静且明净的湖水相亲,与柳浪里的黄莺相戏,与蹁跹于水面的白鹭邀影……

而坐落其中的龙韵村既有乡村炊烟袅袅的情调,又有城市的瑰丽和神韵。夏天,来到龙韵村最好的时候是傍晚时分,看夕阳洒在湖面的波光粼粼,约三两好友,或湖边垂钓看鱼儿上钩,或岸边踱步感受徐徐晚风,或去体验亲手采摘的乐趣,或品尝地道的农家饭菜。

沿着居民生活区往北走,人们便来到位于中心位置的村党员群众服务中心,以这里为中心,有3个街区呈扇形分布。村落文化记忆街是由易地迁来的24个村,依照原村最具代表性的一座房屋建造而成的……沿街而行,黛瓦泥墙,青石小桥,屋前池塘微鳞皱,院角老树新芽秀,每座房子里经营着不同的生意。

这里每座房子都装着一个村子的记忆,装着几代人的记忆。这泛黄的记忆和这条以泥土黄为主色的长街如此相宜,你走进去,就像走进了一张发黄的老照片,亦走进儿时的梦里。初酒工坊、汉字艺术馆等展示着最鲜明的郧阳文化。全猪宴、郧阳人烧烤等各种美食彰显着郧阳特色。

晚上的龙韵村不同于白天的宁静悠远,开始热闹起来。看着温馨的夜景,吃着可口的烧烤,配上冰爽的啤酒,这是多么美哉的事情啊!

龙韵村的慢时光,就是韩寒所说的"怀念某年,空气自由新鲜,远山和炊烟,狗和田野,我沉睡一夏天"。在这里,你可以畅游文化艺术馆廊,亲手体验布艺、陶艺、草编、木刻画等工艺品的制作,也可以在广场看着村民们在音乐里跳着广场舞蹈,还可以寻一处露台和老人们聊起家长里短……

(资料来源:余红梅《龙韵村:在时光深处感受古韵悠然的宁静生活》,http://www.hbyoo.com/article_view?id=39407,略有修改。)

**3. 青龙泉社区**

青龙泉社区位于杨溪铺镇刘湾村,社区名字来源于该项目西侧的古文化遗址"青龙泉"。它北接郧府大道,西南面朝汉江,东交郧十高速,距离郧阳城区8千米,是郧阳区委、区政府立足"安居、乐业、富民"目标,以"郧阳香菇小镇·沧浪之水人家"为主题,采取易地搬迁集中安置、扶贫产业集中配套、服务设施集中配建的全省最大的易地扶贫搬迁安置区。图1-7为青龙泉社区全景。

**图1-7 青龙泉社区全景**

(图片来源:http://m2.people.cn/r/MV8wXzEzODUyMzExXzE0ODVfMTU4NjMzNTE2NQ==.)

该社区于2016年开工,2018年底在一片荒山坡上建成,郧阳区4251户15021名贫困人口在这里集中安置,它是目前全郧阳区最大的单体易迁集中安置点。社区配建有1000万棒香菇产业基地和5万平方米袜业扶贫车间。易迁群众靠着配套的香菇扶贫产业园和袜业扶贫车间,换了新业、拔了穷根。

作为城市社区科学管理和经营的青龙泉社区,充分发挥区位、交通等优势,融合发展香菇、袜业、旅游业、商贸服务业等第一、第二、第三产业,确保了广大居民安居乐业奔小康。

## 【研学点1】香菇小镇(香菇产业基地)

位于青龙泉社区的香菇产业基地是湖北产业扶贫的"标杆"和"样板"之一,也是目前国内最大的集中连片食用菌种植基地。郧阳区通过"政府帮一把、干部搭把手、乡亲出把力、自身争口气"的方式,充分利用扶贫政策,打造了鄂西北实力强大、风景亮丽、卓有成效的香菇产业扶贫示范园。基地完全建成以后,不仅成为国内产业扶贫的典范,更将被打造成集有机生态示范、观光采摘旅游、高效生态科技的示范园。

该园区种植香菇1000多亩,可发展香菇800余万棒,目前有980多户贫困户从事香菇种植。按照户均8000余棒配套,可带动1000余户家庭户均增收3万余元。图1-8为青龙泉社区的香菇大棚。

"产业兴旺是重点,自己努力最关键",香菇小镇不仅带动了群众致富,还让群众学会了自信、自立、自强。(详见"主题四:蓝色科技梦想之旅"中的"香菇小镇")

**图 1-8 青龙泉社区的香菇大棚**

(图片来源:http://m2.people.cn/r/MV8wXzEzODUyMzExXzE0ODVfMTU4NjMzNTE2NQ==.)

## 【研学点2】青龙泉社区袜业扶贫作坊

青龙泉社区袜业扶贫作坊位于社区 A 区大门口,是借助水利部调水司援助资金建设,由社区主导运行的扶贫作坊。

该扶贫作坊现有 16 台缝头机,16 台电烘定型烤箱,160 个不同型号袜板,60 个翻袜机,6 台隐形袜机,可承接各类主流袜类产品生产的后道工序,每年可生产袜子 1.3 亿双,实现产值约 8 亿元,税收 4000 万元以上,带动 2000 人就业。这个袜业扶贫作坊还将织袜流程中操作相对简单的缝头、翻袜、定型、包装 4 个环节的操作分散到社区的家家户户,实现了袜业扶贫作坊进入农户,形成了"学技术、挣菜钱、带小孩、照顾家"的良好局面。(详见"主题四:蓝色科技梦想之旅"中的"湖北棉伙棉伴智能纺织科技有限公司")

### 知识链接

**十堰市郧阳区青龙泉社区见闻:挣钱门路多 住着才舒坦**

2020 年 5 月 12 日,阳光明媚,汉江边吹来习习凉风。

十堰市郧阳区杨溪铺镇青龙泉社区,韩国平和老父亲在香菇棚里忙活。香菇出了 4 茬,前几天温度低,又零零星星冒出一些,老父亲摘下来,放在太阳底下晒,晒好了的剪下菇腿,拢成一堆。"都能卖钱哩。"老人说。

他们老家在南化塘镇东溪村,是易地扶贫搬迁户。为搬家,爷俩没少吵架。"他总挂念山上的几亩地,搬出大山,干啥不赚钱?"韩国平 46 岁,种香菇上手快,2019 年,社区评选"香菇状元",他一举夺魁,一斤花菇卖出 240 元,"这顶上种半亩地吧?"韩国平说。"还说那些做啥?"老父亲嘿嘿笑着,"谁想得到,这里住着舒坦,挣钱门路多,比从前强多了!"

**近 500 户种植香菇**

"种了一辈子地,搬下去能干啥?"

"养不了鸡,喂不了猪,吃菜要花钱,这咋整?"

全区18个乡镇4200余户易迁户1.5万人被集中安置到一个小区,疑虑重重的不止韩父一人。

郧阳区委书记孙道军表示:"把1万多名农民集聚在一个社区,没有产业保障,脱贫致富就不能持续。"

郧阳选定香菇为青龙泉社区的主要配套产业,与安置区仅隔一道山梁,规划建设1100亩的香菇产业基地,配套大棚500余个、小棚近1500个,引进龙头公司提供技术指导、销售渠道,免去贫困户后顾之忧。

"大棚建好,菌棒也上了架,我们只负责管护。"2018年11月,韩国平种的香菇开始露头,香菇一天天长大,韩父满心欢喜。

还有9名菇农和韩国平一起被评为"状元",他们各有心得。快70岁的石教怀说:"技术员说,香菇要通风又怕冷。我就每天早上把棚子打开,夜晚关上,碰到刮风下雨拿石头压严实,春节都没休息。"

2019年,青龙泉社区采取以奖代补、免费提供工具、技术员跟踪服务等举措,引导菇农自己制棒、点菌,每支菌棒的成本从4.5元降至2.8元,进一步拓展菇农利润空间。

如今,社区有近500户种植香菇,共300多万棒,可实现销售额3300余万元,户均增收约3万元。

2020年年初,受疫情影响,香菇销售一度遇阻。区里请来市外公司11家,加上区内企业及大型电商平台,近20家客商在社区驻点收购。同时,社区积极推进大棚改造,推广四季种菇,并研发香菇脆、香菇酱、香菇茶等衍生产品,目前已涵盖3大类7个品系100多种单品。

**700人家门口织袜致富**

织袜机"哒哒"响着,韵律轻快。周燕在生产线上来回穿梭,不断调整电脑参数,给亮起红灯的机器接线头。上班近两个月,她操作织袜机的数量已从6台提升到11台。

周燕一家三口,她和父母原在十堰城区做餐饮,2020年受疫情影响,生意冷清。2020年3月初,社区里的湖北棉伙棉伴纺织科技有限公司复工招聘,周燕和父母报了名。有师傅"传帮带",她上手很快,十天左右便能独立作业,父母也在包装车间顺利上岗。

发了工资,周燕一数,近3000元。她很满意地说:"从家步行10分钟就上班,一天三餐都能在公司吃,等操作更熟练后,一个月可以挣4000多元。"

袜业是青龙泉社区第二大配套产业。湖北棉伙棉伴纺织科技有限公司在社区建有车间4.6万平方米,织袜机1500多台套,目前投产730台,带动700多人就业,日产袜子18万双,工人月均工资2500元。

丈夫种香菇,妻子织袜子。在青龙泉社区,许多家庭都采取这种方式,"两头挣钱"。

陈鲜是2019年3月进入棉伙棉伴公司的,她技术熟练、质量意识强,如今被提拔为班长。她的丈夫种了2棚香菇,公婆帮忙照顾孩子。

"以前在十堰做导购,休息时间就是逛街、购物。现在,碰上节假日,和丈夫、孩子去汉江边钓鱼、采摘。花费少,也更舒坦。"陈鲜笑着说。

**500人就地灵活就业**

"咱一个老头子,一天挣70元,老两口够吃啦!"木瓜加工扶贫作坊里,75岁的徐明权一边用竹片剜剔木瓜籽,一边感叹。

他原先住在青曲镇西沟村。2019年4月,镇村干部、扶贫工作队员动员其搬家,徐明权怕没地种,很不情愿。搬来青龙泉社区后,他下楼就能打工,一个月能挣2000多元。他和老伴住在50平方米的新房子里,收入稳定,再不给4个儿女增加负担。

留守老人干不了重体力活,留守妇女要带孩子,不能按时上下班,他们如何就业?

青龙泉社区充分盘活社区厂房、车间和办公用房,出台房屋"零租金"、专班协调水电路"三通"等,引进翻袜、玩具、农产品加工等5个"灵活务工"扶贫作坊,安置300余人稳定就业。同时,开发物业、绿化、保洁、保安等服务岗位160个,安置近200人。

针对有能力、有意愿外出打工的年轻人,社区积极联系区内企业,定向提供就业岗位近1700个,加强劳动技能培训,向区外企业输送近3000人。

"壮大务工经济,配套香菇和袜业两大兜底产业,发展小作坊、小编织、小加工、小买卖等'四小产业'。"青龙泉社区管委会书记卫衍武介绍,经统筹谋划、多措并举,青龙泉社区就业率达80%,还将引进智能育苗产业园和手机数据线、汽车坐垫等扶贫作坊,确保人人有事做、户户能增收。

(资料来源:记者饶扬灿、戴文辉,通讯员姬廷顺、曹忠宏《十堰市郧阳区青龙泉社区见闻:挣钱门路多 住着才舒坦》,http://news.cnhubei.com/content/2020-06/10/content_13114243.html,略有修改。)

### 4. 山跟前村

山跟前村位于郧阳区柳陂镇凤凰岛,是柳陂镇农村危房改造、移民美丽家园示范村。山跟前村面朝汉江,背倚广施山,村庄干净整齐,房屋错落有致,江面波光粼粼,处处欣欣向荣,真正诠释了"山在跟前、水在眼前、幸福就在面前"的幸福图景。图1-9为郧阳区山跟前村。

近年来,该村按照"注重特色、差异发展"的原则,从房建到产业一体化规划建设,按照外观上"全村统一、古朴大气"的原则,从"系统性、整体性、协调性"上对生态、产业、文化进行统筹谋划,将全域山、水、林、园、路、房、院、厨、栏、厕等生产生活要素均纳入整体统筹规划,并进行系统提升,保障农村房屋的居住功能和卫生条件,全力改善了农村人居环境。

主题一　绿色生态家园之旅

图 1-9　郧阳区山跟前村

（图片来源：https://www.hbyunyang.net/bgzxw/yyzh/2020-10-20/88701.html.）

## 知识链接

### 郧阳区柳陂镇山跟前村：美丽乡村如画来

走进郧阳区柳陂镇山跟前村，宽阔笔直的柏油马路穿村而过，房屋错落有致，树木枝繁叶茂，波光粼粼的江水缠绕村庄，我们仿佛进入了一幅美妙的新农村锦绣画卷。

"我们科学编制建设规划，大力改善生产、生活条件，扎实推进'厕所革命'、垃圾污水治理，旨在把山跟前村打造成为郧阳特色的现代版'富春山居图'"。山跟前村支部书记孙绍虎介绍说。

山跟前村作为柳陂镇一个农村危房改造、移民美丽家园示范村，近年来，该村按照"注重特色、差异发展"原则，采取专家驻村分类设计的方式，齐头并进，推动美丽乡村建设。山跟前村紧临汉江，坚持"山在跟前、水在眼前、幸福就在面前"的理念，立足"渔文化"，以现代"渔家村"为蓝图，从房屋建筑到产业一体化规划建设，着力打造郧阳版"富春山居图"。

"20世纪80年代家庭分家，我分得了一间土坯房，雨天怕漏、刮风怕倒。"山跟前村二组村民王存有回忆说，"为了解决住房问题，我们全家省吃俭用，2001年建了100多平方米的楼房，但要样子没样子，安全也没有保障。2018年，恰逢农村'三改'政策和打造美丽乡村的好政策，我们把旧房拆除重建，享受了6万元的奖补资金，现在住得既舒心，又安全。"王存有接着说。

走进王存有家中，窗明几净。卫生间里，冲水式马桶、淋浴装置一应俱全。

山跟前村在实施美丽乡村建设时，从系统性、整体性、协调性等方面对生态、产业、文化进行梳理筹划，同时将全域相关生产生活要素纳入整体，统筹规划，系统提升，保障农房居住功能和卫生健康条件，进一步改善了农村人居环境。

读行郧阳

> 像王存有一样，山跟前村美丽乡村建设，面积上按照人均不超过30平方米的原则，外观上遵循全村统一、古朴大气的原则，坚持政府政策扶持、专家分户设计、群众分户自建。
>
> "这里要进行碾压，墙壁粉刷一定要光滑平整……"路过一家正在修建房屋的农户，一位村干部正在对房屋质量进行把关。经打听，此户正在建房的户主叫孙许海。建造过程实行本人参与购料，承建方施工，村委会把关，从根本上杜绝了超标准建房和使用不符合标准的建材的行为，确保房屋质量安全经得起检验。
>
> 像山跟前村一样，截至目前，全镇"三改"已完成拆除不建567户，拆除重建225户，维修加固179户，厕所改造完成448户。
>
> "下一步，我们将对山跟前村配套基础设施实行硬化、净化、绿化、亮化，努力实现村庄楼房化、家具现代化、能源清洁化、行为文明化的目标，力争把该村打造成为郧阳现代版'富春山居图'，造福更多乡亲。"柳陂镇党委书记党永生满怀信心地说。
>
> （资料来源：孟江《柳陂镇山跟前村：美丽乡村如画来》，https://www.hbyunyang.net/bgzxw/yyzh/2020-10-20/88701.html，略有修改。）

## （二）我们的田园

"我们的家乡，在希望的田野上，炊烟在新建的住房上飘荡，小河在美丽的村庄旁流淌，一片冬麦、一片高粱，十里荷塘、十里果香……"这是一首流行于二十世纪赞美家乡田野的歌。如今我们的家乡郧阳正发生着日新月异的变化，瓜果飘香的月亮湖、无土栽培的农业科技园、浪漫奇幻的花海让我们重新认识农村、农业、农民。近年来，郧阳持续推进质量兴农、科技兴农、品牌强农，实施乡村振兴战略，发展智慧农业，做好特色农业，抓好"米袋子""菜篮子""果盘子"，在锦绣田园上种粮、种菜、种果树、种花、种草、种春天。让我们一起走进田园，走向大自然，收获用汗水与智慧写在大地上的诗篇！

### 1. 月亮湖生态农业观光园

月亮湖生态农业观光园位于距离柳陂镇1千米处的亮子湾村，因村子后方的山坳里，有一弯形似月牙的湖水，得名"月亮湖"。

月亮湖生态农业观光园是集科普展示、科技培训、种苗繁育、种植与加工、采摘与品尝、休闲娱乐、观光旅游于一体的综合性现代化农业科技型园区。项目按照大型现代生态农业示范园的标准，规划建设"一轴两翼五园十二景"，通过"文旅农互融、镇企民共兴"的发展机制，建设"生态月亮湖""休闲月亮湖""智慧月亮湖""健康月亮湖""民生月亮湖"。

园区现已建成500多亩果园，先后引进桃、杏、李、苹果等各种名、特、优果树16个大类，共200多个品种。建有优质苗木花卉基地1000亩，有机蔬菜基地200亩，建成葡萄、草莓采摘园100亩，年游客接待量达3万余人。

主题一　绿色生态家园之旅

其按功能布局分为综合服务、浪漫花海、月亮族体验、乡村俱乐部、健康养生和农业休闲等多个分区,其中浪漫花海是较吸引游客观赏的分区之一。

## 【研学点1】浪漫花海

浪漫花海引进了紫色马鞭草、薰衣草、大丽花、玫瑰花、矢车菊、百合花等200多个花卉品种。

这里已成为婚纱摄影、绘画写生、户外科普的重要基地。为了延长花卉寻芳区的价值链,月亮湖生态农业观光园围绕花卉基地,配套建设精油加工厂。游客来到花卉园区,既能赏花看景,还能购买精油、化妆品等特色旅游产品。

园区一年四季"时时有景、月月有花",月亮湖将浪漫花海打造为国家级香草资源库,并通过引进新品种和进行科学管理等方式,实现了不同品种花卉花期的无缝对接。3月看白玉兰,4月看鲁冰花,5月看薰衣草,6月看百合,7月看玫瑰,即使在寒冬腊月,也能在温室大棚中赏花。马鞭草的花期可持续到9月,开花时节,紫色的花朵汇聚成一片花海,花团锦簇,景色浪漫迷人,花香随风飘荡,不时吸引着蜜蜂在花丛中流连嬉戏。

在观景、摄影之余,人们还可以到采摘区体验采摘,这里种植了草莓、石榴、葡萄、桃、杏、梨等水果,在一年的各个时节都可以品尝新鲜的水果。

### 知识链接

#### 郧阳区柳陂镇月亮湖:农旅融合风生水起

春季"踏青赏花"、夏季"清凉避暑"、秋季"采摘尝果"、冬季"踏雪寻梅"……在郧阳区城郊,有一个市民休闲旅游的好去处——柳陂镇月亮湖生态农业观光园,每到周末和节假日,众多市民前去观光游玩。

笔者走进月亮湖生态农业观光园,展现在眼前的是一片秀美风光,花朵竞相绽放,清香扑鼻而来,游客纷纷拿出手机拍照。

"这里太美了,每逢花开时节,我就会带着家人来呼吸新鲜空气,观赏花海美景。"正在赏花的游客说道。

月亮湖生态农业观光园位于柳陂镇亮子湾村、吴家沟村,规划总面积5000余亩,一期规划面积2500亩,计划投资12亿元,项目以"花好月圆·福寿康宁"为主题,以"生态、休闲、智慧、健康、民生"为主旨,打造集科普展示、科技培训、种苗繁育、种植与加工、采摘与品尝、休闲娱乐、观光旅游于一体的综合性现代化农业科技型园区,以此带动美丽乡村建设和精准扶贫。

"现在年龄大了,出去打工没人要,在家门口打工,不仅可以照顾家人,每天还能挣六七十元钱,一年挣个一万多元没有问题。"正在月亮湖香草园除草的63岁村民唐先娃说。

"月亮湖香草园占地300亩,种有50多个品种的花草,每天用工20人左右,花开时节前来赏花的游客络绎不绝。"香草园负责人说。

17

月亮湖生态农业观光园启动建设以来,年吸纳周边300多人务工就业,年发放工资300多万元、土地租金132万元、养老金13.56万元,带动320名贫困群众增收。此外,项目还在谭家湾镇等地建设基地500亩,直接和间接带动200人就业或增收。

据月亮湖生态农业观光园项目负责人袁智国介绍,2019年,该园区紧紧围绕"使生态资源转化为群众致富的经济资源"这一目标,重点建成游客中心、生态停车场、科技农业馆、乡村俱乐部、花海景观和汉江特色产品展览园等一系列体验、休闲、娱乐项目,打造市民采摘、体验、观光、休憩的花园、果园、乐园。

截至目前,月亮湖生态农业观光园已完成2700亩土地的有机改良和产业建设,栽种桃树、石榴树、杏树500亩,发展优质苗木花卉基地1000亩、有机蔬菜基地200亩,建成葡萄、草莓采摘园100亩,年接待游客3万余人。

(资料来源:通讯员孟江、潘学平、王宗保《郧阳区柳陂镇月亮湖:农旅融合风生水起》,http://www.10yan.com/2019/0617/618036.shtml,略有修改。)

## 【研学点2】采摘园

月亮湖生态农业观光园中的采摘园可谓一年四季瓜果飘香:4月有桑葚、樱桃,5月有油桃、杏、枇杷,6月有水蜜桃、蟠桃,7月有青梅、葡萄、核桃,9月有柿子、橘子,10月有石榴……

每年的四五月份是桑葚成熟的季节。初夏暖风吹拂,新生的桑叶翠绿欲滴,随风轻摇。桑叶下是那一颗颗三五成聚的桑葚,在风中微微颤动,很是诱人。摘下来的桑葚装满了篮子、筐子。一篮篮、一筐筐的桑葚,颜色紫得几乎变成了黑色,筐子也被染了色。桑葚泛着紫黑色的光泽,看起来十分鲜嫩。品尝一下,酸酸甜甜的。

到了五六月份,油桃熟了。有的白里透红,有的红里带白,还有粉红色的,它们像爱心一样,红扑扑的,欢迎着人们的到来,那么好看,那么可爱,像含羞的小姑娘,低垂着头,微红着脸,压得细软的枝条颤悠悠地摆动。摘一个熟透的油桃,削好皮,咬一口,有些脆脆的,有些柔软多汁,甜甜的,好吃极了,让人回味无穷。成熟的油桃略呈球形,青里泛白,白里透红。油桃皮很薄,果肉丰富,适宜生食,入口滑润、不留渣。刚熟的油桃硬而甜,熟透的油桃则软而多汁,吃时宜轻轻拿起,小心地把皮撕下去。其滋味恐怕可以和王母娘娘的蟠桃相媲美了。这样的果品,对于老年人和牙齿不好的人来说,是难得的珍品。

从夏到秋,随着季节的变化,柿子也由小到大,由青变黄,由硬变软,由涩变甜。到了深秋,柿子树的枝头上会挂满黄澄澄的小柿子,等到初冬柿子熟透了,软软的、红彤彤的,像小灯笼似的挂在柿子树上,只要伸伸手,就可以摘下来饱餐一顿。

果园采用传统的农耕方式,鸡除虫、鸭食草,保留原生态的种植环境。人们徜徉于果园,从树上摘下一颗果子,撩起衣角擦擦就能吃,原汁原味,十分爽口。

月亮湖还有大片的蔬菜,这些天然、有机、无污染的绿色无公害蔬菜深得人们喜爱。置身于大自然之中,身边弥漫着源于田园大自然的芬芳,人们可以体验亲手种植或收获的乐趣,享受人与自然的和谐之美。

### 知识链接

**走,到柳陂月亮湖摘水果**

周末很多市民会到郊区游玩采摘水果,记者打探得知,郧阳区柳陂镇月亮湖生态农业观光园的杏和桃已全部成熟,市民在趁休息日前去采摘。

据了解,月亮湖生态农业观光园是湖北省休闲农业示范点,位于郧阳区柳陂镇亮子湾村,由春花秋实、春花秋月、月亮湖、主题庄园板块构成,占地2000亩。该项目是集旅游观光、农家美食、果蔬采摘、花卉观赏、民俗娱乐、农耕体验、科普展示为一体的生态农业观光园,是郧阳区最大的生态观光园单体项目。

乘车路线:乘坐十堰至柳陂绿色通道车至柳陂站下车,前行200米,到柳陂商业二街乘坐郧阳区至新集镇的中巴车(车次分别有7:30、7:40、10:30、11:00四趟),到月亮湖生态农业观光园下车(路边有标志牌),沿标志牌所指方向前行400米即到。如果自驾,可从十堰方向前往,可从挖断岗高速公路桥下过,前行20米,十字路口左拐,沿环湖路前行至刘家桥十字路口左拐前行2000米,看见路边标有月亮湖的标志牌,然后前行400米即到。

采摘各类果子时间:4月采摘桑果、樱桃;5月采摘油桃、杏、枇杷;6月采摘水蜜桃、蟠桃;7月采摘青梅、桃、核桃;9月采摘柿子、橘子;10月采摘石榴。

(资料来源:记者李寅,通讯员孟江《走,到柳陂月亮湖摘水果》,http://sywb.10yan.com/html/20140523/15615.html,略有修改。)

### 2. 十堰市现代农业科技示范园

十堰市现代农业科技示范园位于郧阳区柳陂镇高岭村,园内生产、科研设施完备,拥有大批高技能创新团队和科技人才。示范园主要功能有:培育优良品种、进行先进栽培技术和模式的引进、试验与示范;开展植物营养、水肥、整形修剪、植保、土壤等方面的基础科研工作;承担国家、省、市级重大科研课题;野生资源收集、保存、评价和综合利用;整合全市农业科技资源和农业科技创新成果,实施转化与应用。图1-10为村民正在管理无土栽培草莓。

该园区推进标准化生产,不污染环境、不使用禁限农药、不过量施化肥、产品的农药残留不超标、不缺少生产档案,确保种出好菜,为十堰市蔬菜标准化生产建立基础。示范园的建设为十堰市农业新品种、新技术、新模式的研究提供了平台,大大提高了十堰市农业核心科研基地的科研能力,有利于促进十堰市农业产业结构调整,使农业增效、农民增收,对带动十堰市特色产业发展具有重要的示范与辐射作用。

**图 1-10　村民正在管理无土栽培草莓**

（图片来源：https：//www.hbyunyang.net/picture/picture/shehui/2019-11-15/4151.html.）

　　园区占地面积为 150 亩，分为设施生产区、生态亲子科教区和水生蔬菜区等。为实现由传统农业向现代农业的转型，该园区在生态旅游和现代农业上做文章，目前已建成集旅游观光、农家美食、果蔬采摘、花卉观赏、民俗娱乐、农耕体验和科普展示为一体的现代农业科技示范园，成为十堰市重要的乡村休闲旅游目的地。

### 知识链接

**高科技让传统农业跳起"现代舞"**
**——走进杨凌农业科技示范推广基地、湖北省十堰市郧阳区设施蔬菜示范基地**

　　西红柿枝叶碧绿，架子有三米多高，植株中部是青色的果实，上部是继续生长的枝条和盛开的花……这是近日记者在杨凌农业科技示范推广基地、湖北省十堰市郧阳区设施蔬菜示范基地高效农业科技创新合作示范园一号西红柿种植大棚里看到的一幕。

**蔬菜这样种　高科技范儿足**

　　当记者进入西红柿种植大棚后，感觉分外凉爽。随行的基地负责人郭雨明说，白天大棚内的温度是 25 ℃，晚上是 22 ℃，西红柿苗就是在这样舒适的环境下成长的。

　　"过去仅靠土里'刨食'，效益不高，现在发展高科技农业种植，效果自然没得说。"郭雨明说，沿袭传统农业种植的模式肯定行不通，必须因地制宜走高效农业发展之路，让传统农业跳起"现代舞"。

　　在无土栽培生态农业科技馆里，共设计了 10 个独立栽培设施区域、1 个中央保温水体、1 个控制区、环场防虫驱虫带。整个栽培区配置了照明设备和通风设备，全区域配置温度传感器、湿度传感器、光照传感器、监控系统，实现手机和电脑远程监控等。

　　"作为湖北省内最大的气雾栽培生产示范基地，只要配置一台计算机主机便可实现栽培自动化管理。同时，配置多路补液系统，可根据栽培品种有针对性地补充营养液。"郭雨明说，园区还配置了高标准生产配套设施，完善排水灌溉系统及生产通路,建设多代循环母本培育区25亩,改良土壤,配套智能灌溉系统,使用水肥一体化技术,对多个品种进行分区培育管理,实现计算机全程自动控制。

**辐射示范 助力蔬菜产业发展**

郭雨明说,基地通过标准化快繁中心建设项目实施,设计了年繁育种苗数1000万株。其建成后成为湖北省较大的标准化快繁技术示范基地,可向周边地区农业种植企业和种植户展示推广快繁技术,通过成果转化帮助周边农户建设标准化快繁设施,以增加种植户收入。

同时,基地还加大了农产品品牌的建设力度,建立完善的品种管理、生产档案、产品检测、质量追溯等全程质量管理制度,推进标准化生产,做到基地环境不污染、禁限农药不使用、化肥施用不过量、产品农残不超标、生产档案不少项,确保种出好菜,为十堰市蔬菜标准化生产奠定基础。

据介绍,园区面积达150亩,分为设施生产区,生态亲子科教区,水生蔬菜区。为实现由传统农业向现代农业的转型,基地在生态旅游和现代农业上做文章,目前,已建成集旅游观光、农家美食、果蔬采摘、花卉观赏、民俗娱乐、农耕体验、科普展示为一体的生态农业观光园,王家学、梯子沟、马蹄沟等村已成为摘水果、赏风景、吃农家饭等一系列乡村休闲游的好去处。

(资料来源:耿苏强《高科技让传统农业跳出"现代舞"——走进杨凌农业科技示范推广基地、湖北省十堰市郧阳区设施蔬菜示范基地》,http://www.yangling.gov.cn/xwzx/sftg/62182.htm,略有修改。)

### 3. 子胥湖采摘园

子胥湖采摘园又称子胥湖·青蛙乐园,它位于郧阳区洞耳河村,距郧阳城区8千米,占地面积1000亩。园区规划有自然观光区、农耕采摘区、亲子活动区三大功能分区,它以田园风光、乡村野趣、亲子互动、休闲观光为主题,又是一家农旅完美结合的综合性休闲农业体验园。

## 【研学点1】果蔬采摘

子胥湖采摘园种植有葡萄、火龙果和圣女果等果蔬。图1-11为孩子们在采摘葡萄。

子胥湖·青蛙乐园的葡萄都采用绿色食品标准种植,严格控制产量。葡萄品种多样,有巨玫瑰、玉手指、引马红、红宝石、黑宝石、夏黑、阳光玫瑰等多个品种。这里种植数量最多,面积最大的品种是寒香蜜,它晶莹剔透,如果冻般富有弹性,果实馥郁芬芳,被誉为葡萄界的"美人"。巨玫瑰品种的果粒呈椭圆形,果肉软,果汁多,味甜,有浓郁的玫瑰香气。

火龙果,原产于中美洲的哥斯达黎加、危地马拉等地。子胥湖采摘园内的火龙

图 1-11　孩子们在采摘葡萄

(图片来源:https://m.sohu.com/a/247349704_100163025/?pvid=000115_3w_a.)

果不打农药、不含激素,比市场上的同品种颜色更深,生态健康、清甜可口。

　　走进火龙果园,你也许会惊喜地发现火红的熟果旁开有美艳的花朵。火龙果的花是昙花的近亲,如昙花一现般,转瞬即逝,难以遇见,或许运气好说不定就能碰上。火龙果一批一批地成熟,所以花也一批一批地开,这就使得火龙果园有着与其他果园极不相同的景观:熟果、生果、鲜花和花芽同时存在。一棵树上,既有成熟的红色果实,又有尚未成熟的绿色果实,还可能有正在盛开的鲜花,游客不仅可以体验亲手采摘的乐趣,还可以观赏火龙果生长过程,并且火龙果的采摘期很长,一般能从 5 月延续到 11 月。

## 【研学点 2】趣味手工活动

　　子胥湖采摘园里的趣味手工是在大自然中就地取材,进行石头画、树叶染的游戏活动。

　　"石头画"是利用石材本身具有的形状、质地、纹理,进行艺术构思,凭借深厚的绘画功力进行创作(见图 1-12)。创作者结合画和石头的本身特质,保留石头原始的美,升华和提升其自然之美,通过精巧设计和绘画,赋予石头新的生命,让一种普通而平常的石头鲜活起来。

　　石头画即面对一块普通的石头,赋予其绚丽的色彩、优雅的格调、古朴的造型、天然的纹理、深邃的内涵、超脱的灵气,经过人们的无限遐想,或绘就意境幽深的粉墨山水,或描摹憨态可掬的弥勒佛,或描绘安静甜美的古代仕女……这些精美的画面,呈现在石头上,玲珑有致,十分完美。一幅石头画就是一件极致完美的艺术品。

　　"树叶染"也是一种非常有趣的游戏,随手可得的一花、一叶、一草,如新鲜树叶、野花、蕨类植物都是拓染艺术的最佳素材。从植物的根、茎、叶、花、皮等部位萃取出斑斓的色彩,一敲、一拓、一染,如天马行空般自由创作。

　　在子胥湖·青蛙乐园里,还为孩子们配置了弓箭体验项目和投壶游戏。

　　(三)我们的景园

　　秀丽汉江,处处画廊,大美郧阳,山水风光。尤其是近年来乡村振兴战略的实施,郧阳把农村变花园、把田园变景园,四季风景美不胜收,这里以九龙瀑、虎啸滩 2

**图 1-12　石头画**

(图片来源:https://k.sina.com.cn/article_2949267073_pafca3e810270090wf.html.)

处国家 4A 级旅游景区为例,一起领略郧阳大自然的神奇与灵秀。

**1. 九龙瀑景区**

九龙瀑是国家 4A 级旅游景区,位于鄂、豫、陕三省交界处的郧阳革命老区南化塘镇兆河大峡谷,景区因"瀑"得名,以奇取胜,生态环境原始,自然风光优美(见图 1-13)。景区景观打造以"中国龙文化"为主线,贯穿所有景点,是以龙文化展示为主线的大型原生态山水风景名胜区。景区规划面积 28 平方千米,除九龙瀑布群景观外,还有百年青苔壁,千年钙化池,万年石结核等。

**图 1-13　九龙瀑景区**

(图片来源:百度百科。)

此景点于 1999 年被中央电视台、湖北卫视、十堰电视台等多家媒体进行了"鄂西北发现了大型瀑布群"的报道。涓涓细流，汇集成千姿百态的瀑布；静谧林海，映照着万紫千红的龙潭。景区内林深叶茂，山花烂漫，众多的亚热带树种，形成了一个天然植物园，宛如一座巨型生态氧吧，也给野生动物创造了良好的栖息环境。景区海拔400—800米，负氧离子的含量为12万个/立方厘米，所以又被称为"绿色氧吧"。

九龙瀑分九叠倾泻而下，一叠一潭，九叠九潭，气势雄壮，曲折多姿，形成了长达3千米的瀑布群。瀑布群共以蟠龙瀑、蛟龙瀑、螭龙瀑、虬龙瀑、应龙瀑、蜃龙瀑、夔龙瀑、罴龙瀑、敖龙瀑为主，似九龙腾飞，气势磅礴。更有千年钙化池，百年青苔壁，令人叹为观止。景点地带海拔400—800米。整个瀑布群盘旋飞挂，宛如九条白龙穿云破雾，凌空而降，气势雄伟。倘在大雨之后，奔腾咆哮，声如雷鸣，瀑布溅起的水花高达数十米，瀑潭不分，衬托在翠壁丹岩之上，宛如九条白龙，一条接一条地从天而降，阳光照耀时彩虹飞动，壮美之态，世所罕见。若久旱不雨，九龙瀑仍流水不竭，潭瀑分明，如游龙戏珠。

瀑布群周围是森林，瀑布边的石崖上遍地生长着奇松。春天时节，山花烂漫，瀑布宛如珍珠幕帘；夏天雨季，满目苍翠，瀑布犹如巨龙游走；秋季时分，漫山红叶，瀑布清幽宜人；冬来降雪，银装素裹，冰瀑垂悬，晶莹别透。

景区动植物资源丰富，拥有各类植物3000多种，其中有17种受到国家重点保护；有各类动物950多种，其中有45种受到国家重点保护，是中小学开展自然生态研学、生物研学的重要基地。

**2. 虎啸滩景区**

虎啸滩景区是国家4A级旅游景区，位于秦岭南麓的汉江之滨、鄂陕交界的郧阳区大柳乡白泉村，占地面积18平方千米，平均海拔850米。景区交通便利，距武当山70千米，距十堰城区25千米。

景区内古木参天、瀑潭叠嶂、群峰俊秀、鱼跃清潭。春季山花烂漫、清香四溢；夏季郁郁葱葱、清爽宜人；秋季红叶似火、心旷神怡；冬季银装冰瀑、分外妖娆。这里是天然的自然风景画卷，素有"秦巴明珠、深山闺秀"之美称。图1-14为虎啸滩瀑布。

景区分为瀑布群观光区、高山农业体验区、文化创意体验区、峡谷民宿休闲区四大功能区；倾情打造有生态农业共享项目"我的菜园子"、一年一度消暑纳凉狂欢"帐篷节"，以及"年猪节"三张景区名片；策划设计有共享柴火灶厨房、共享土灶台、户外烧烤、蔬果采摘体验、篝火晚会、野外探险等体验项目。景区配套有高山生态滋味餐厅、休闲宾馆、生态停车场等设施，还设有会议室、多功能厅、茶吧、特产超市等，是目前十堰市周边设施配备较为完善的景区之一。

景区内有虎胆绝壁、红河谷、虎穴、偕石、醉虎画屏、青梅竹马桥、腾滩、逝川、快活林、千叠瀑、白虎洞、九天飞瀑（素有"秦巴第一瀑"之称）、天井、白泉、古河床等20多处自然景观，还有木龙书院、官帽山、经书岩、官印潭、老纸作坊、白鹤脖子等10余处可考证的人文历史景观。这里是中小学生开展自然生态研学、古地质研学的重要基地。

图 1-14　虎啸滩瀑布

（图片来源：https://www.sohu.com/a/131323133_627754.）

## 知识链接

### 天赐一段锦绣

千山千水，好山好水，白泉有其一。

从大柳乡往西前进十余里，峰雄岭奇，林木森森，一断崖处喷涌而出一股如水桶般粗的泉水，银光四溅，白亮耀空，白泉故而得名。白泉实乃天乳，乳色生香，甘醇芬芳，远近十里八乡的人们世世代代取而酿之，美酒便香溢家家户户。

泉水奔涌而出，经天井山，河道大畅，清流荡漾，萦村绕庄，越百里，入汉江。进入汉水处，乃"郧县人"头骨化石出土的汉江二级阶地学堂梁子。显然，远古的"郧县人"是喝着白泉水从猿到人站立起来的。

白泉至天井山区域，是已经开发的虎啸滩风景区，那是一段风景出类拔萃的胜地。危岩如屏，秀峰成排，百鸟翔聚，云霓邈邈，堪称天赐的一段锦绣。那气质娴雅、秀色身怀之处，宛如少女含羞带怯，说它是养在深闺的千古美人也未必不可。

自景区大门始，山景、水景迤逦而来，次第入目，撩人心魂。最先踏入的景点叫红河谷，河水款款而过，水畔生长着蓬勃的火棘，仲春时节，白花盛开，恰似纷扬的大雪层层覆盖，将簇簇火棘恣意膨胀开来，致使其成垛成堆，苔花也作牡丹开，这火棘的青春之花也是这般争芳斗艳，压枝袭人。

一丛一丛，挤挤挨挨，所有如米粒般的花朵蔓延席卷开来，铺天盖地，四面扩展，扩展到水流的两岸，扩展到山坡，顿时所有的山峰都跟着摊开如漫天大雪般的银白，整个河谷和山峰都欢呼、狂叫、失态、忘情，"长安回望绣成堆"能与这番景象相比吗？这样的青春释放大约会持续一整个阳春时节，在这里蜜蜂想必一定会累得瘫倒在地。蜂蜜一定不止箱子里的，哪个蜂箱容得下这恣肆流淌着的如河一般的花蜜呢,山谷就是蜜缸,天地就是一个蜜的汪洋!蝴蝶也是忙不过来的,成双成对地往山谷里飞。这山望着那山高,眼会花,心会迷,神会痴,白天黑夜也占有不尽这绚烂了天地的花海般的滔天盛景。

经过一个春天的烂漫,当白色的花朵从火棘枝头消退,孕育的绿果开始抛头露面,开始鼓胀成型,像花椒一样成疙瘩、成串,密密麻麻。果子好多,所有的叶子都掩藏不住,枝头如母亲般怀抱重任,含辛茹苦,忍辱负重,直到把它们带入秋天,带到一个火红的季节。金秋慢慢出现的时候,红河谷的火棘果依然还在成熟的路上,灌满了浆,还要等待一个沉漫的过程,还要等待秋风扫过枫叶,还要等待秋风吹落嫣红的柿子,还要等待橡子滚落一地,还要等待露珠渐渐地在某天清晨忽然化作了霜花。此时,火棘果才出现历史性时刻——且把青装换红装,红红火火,灼灼燃烧,它们从河谷红到山顶,万山红遍。此时此刻,你可以大声地叫它一声"火棘",它们回应:"阿哈,我的游人朋友,您好!您来得正是时候,现如今我们成熟了,秋天是我们着色的,枫叶会招摇飘零,而我们是挂果,从秋末挂到冬,如果你愿意陪伴,我们一起走到春天!"

红光普照,绚烂如火,火棘在红河谷展现出了醉意,交织其中的青松翠柏也被火红的烈焰淬炼,顿失本色,这种赤焰天地、群山概莫能外的盛景,恐怕可以称得上世界级的了。山禽得此天然食粮,饱食终日,鸣声如歌。

红河谷以下,应欣赏的是水景了。腾滩、逝川、卧虎滩、啸滩、蛟滩、落九天、三叠瀑、虎啸龟吟、千叠滩、悦目岛……皆为水的不同姿态类型。

这一段谷鏊虽不险不隘,但每三五十步,就有一小处的跌宕,宁谧无争的水流经一跌一抛,哗声腾起,一路而下,瀑布递现。奇妙的是,这长长的河谷里,笼罩你的是奔腾的瀑声,而感觉到的都是风清月明般的宁静,吼声全在感觉以外,即使在瀑布边,也能感到万籁俱寂,心如止水。这里的静与动、远古与现代、人生与四季,都融汇在美妙、和谐的山与水的互爱之中,爱静的人可尽享其宁谧,好动的人也可尽情嬉戏。原来,那一涧幽蓝如一道长弦,所流动的都是和谐的乐音,高亢也罢,纤弱也罢,都对感应它的人是种抚慰。这就是天籁吗?是的,这就是天籁。

在腾滩之畔,水花如银,声腾欲沸,此景大有豪迈之气概,让人真想在一旁支一架钢琴,舞动手指,奏响贝多芬的英雄交响曲,让激情的洪流伴随着激昂的乐曲,穿越水雾银光而来。

在逝川,那俯首而过的一川好水如温婉的倩女,梦一般地从记忆的远方款款而来,又悄然飘逝于记忆的深处,轻曼柔顺,幻然渺然。那一旁的忘川石上,你可以约一挚友坐其上,持棋对弈,棋子落下,掷地有声。人事、世事、天地之事纳入棋局,在这清净无扰之地会把握得格外准确。

在虎口瀑布,最可感的是虎啸深谷如天怒般的骇人之威;在怒吼着的虎口巨岩下,是一跃百丈的飞瀑,那腾空的声势,会一下子逼得游人掉头而跑。不过,稍做调适,人们就会神往这不吼则已、一吼惊世且骇俗的好汉风骨,人生就应该如此活一回吧！到落九天则如漫步天界，九天银河，龙宫珠帘，近在眼前。

三叠瀑，三叠三展，似心旌一曳三荡，走近它，让人真想望月吹箫，凭风抚琴。千叠滩，千瀑千叠，如莲盛开，让人心花怒放，惊叹不已。

至悦目岛，清清浅浅的水流随两岸快活林平铺而下，坦荡而前。在这如镜的水边，可以对镜梳妆，可以倾听淙淙水声吟唱的摇篮曲，可以对清流敞开心扉诉说心事……

这是一段不曾揭开面纱的锦绣，是我故乡藏在闺阁高楼的一幅盘古的花屏，是包裹在道道寻常山脉里的美玉。我祖祖辈辈的乡亲守护着它，珍藏着它，他们都是卞和，知道这是不能轻易示人的，一旦示人务必是呈现给一个识玉的高人，务必是在一个开明盛世时刻。

今天，我的乡亲们等到了这么一个机遇，虎啸滩盛装亮世，与天下人美美与共！

（资料来源：兰善清《天赐一段锦绣》，略有修改。）

## （四）我们的山林

内容详见"主题八：生物演进之旅"中"国家森林公园——湖北沧浪山国家森林公园"。

## （五）我们的宝藏

郧阳区鲍峡镇云盖寺的绿松石和谭山镇的米黄玉是享誉国内外的玉石，其中云盖寺的绿松石以高瓷度、高硬度、高蓝的特点闻名于世，是世界公认的优质绿松石，被誉为"东方绿宝石"。

关于绿松石，本书在"主题八：生物演进之旅"中有专门介绍，这里只介绍谭山镇的米黄玉。

### 1. 谭山镇米黄玉工业园

郧阳区谭山镇大理石储量大，种类多，品位高，现已探明有米黄玉、汉白玉、荷叶绿、芙蓉红、银鸽灰、黑墨玉、木纹石等10多个品种，特别是米黄玉的资源储量居湖北省之首，其色泽、质地皆为国内罕见。

米黄玉又名松香黄，因其色泽金黄而得名。其质地细腻柔润、色泽纯净、自然通透，故有黄水晶、黄玛瑙、黄金玉之说，但其并非玉石。米黄玉作为一种大理石材，主要成分是方解石晶体，因含有金属铬而呈黄色。图1-15为谭山米黄玉饰品。其主产地为湖北和河南的丹江口库区（湖北省十堰市郧阳区谭山镇、竹山县得胜镇及河南省南阳市内乡县庙岗村、淅川县魏营村等地）。尤以郧阳区谭山地区（包括郧阳区刘洞镇、谭山镇、白桑关镇）为最，谭山镇素称"中国米黄玉之乡"，境内米黄玉的色泽、质地均被公认为"亚洲之最"。

近年来，由于各级政府不断加大对外开放和招商引资力度，越来越多的外地客商来到谭山镇投资兴业，已为该镇的服务行业提供了无限的商机。郧阳区政府已

图 1-15　谭山米黄玉饰品

(图片来源：https://www.hbyunyang.net/huiyuanxinxi/tczs/2014-08-22/20.html。)

批准该镇建设国际石艺城，目前该工业园已进驻企业 12 家，年创产值 1 亿多元。现已开发手球、龙凤玉枕、玉杯、锁套、工艺雕刻、家私等 20 余个品种，销往美国、法国、新加坡、泰国等地，以及我国(含港澳台地区)的知名石艺商场，产品深受广大消费者的青睐，具有较高的市场知名度和美誉度。

**2. 云盖寺绿松石国家矿山公园**

内容详见"主题八：生物演进之旅"中"国家矿山公园——云盖寺绿松石国家矿山公园"。

## 三、推荐线路

（1）走进家园之旅：樱桃沟村—龙韵村—山跟前村—青龙泉社区。

（2）乐享田园之旅：月亮湖生态农业观光园—十堰市现代农业科技示范园—子胥湖采摘园。

（3）踏访景园之旅：九龙瀑景区—虎啸滩景区。

（4）穿越山林之旅：湖北沧浪山国家森林公园。

（5）探寻宝藏之旅：谭山镇米黄玉工业园—云盖寺绿松石国家矿山公园。

# 主题二 红色精神传承之旅

## 一、课程简介

研学主题：红色精神传承。

研学课程：红色精神传承之旅。

研学要义：讲述郧阳革命烈士故事，感悟中原大突围英勇精神，传承郧阳红色文化。

研学基地：郧阳区第一中学、郧阳革命烈士陵园、南化塘镇。

活动时间：1 天。

融合科目：品德与社会、综合实践活动、地方课程、校本课程等。

## 二、课程资源

### 踏访红色郧阳　传承英勇精神

十堰市郧阳区位于鄂西北边陲，地处中国版图的"鸡心"位置，作为鄂、豫、陕三省交界处，历来属于重要战略要地。在中国革命历史上，中国共产党领导的人民军队在这里"九进八出"，七次创建革命根据地，完成了影响中国革命的战略转移。因此，郧阳是一块被血与火浸透过的红色土地。

在中国工农红军创建和长征时期，有八支部队在郧阳经历大仗、血仗，在血与火中厉兵转战。从 1930 年巴兴归根据地红军独立第四十九师，在房县建立鄂西北第一个苏维埃政权，到 1937 年，8 支红军部队，55000 余名红军战士，历时八个春秋转战郧阳、汉丹，在中国革命最艰难的时刻，历尽艰苦，不惜抛头颅、洒热血，在郧阳写下了英雄般的史诗。

解放战争时期，郧阳成为人民解放军的战略要地，是展开解放战争战略反攻和决战的基地和战场。李先念指挥中原部队三路大军从大别山、伏牛山、桐柏山突围转战位于鄂豫陕交界处的郧阳，牵制了国民党大部分主力部队，为中原、华东和西北等地的解放战争的展开做出巨大牺牲和贡献。以郧阳为中心的鄂豫陕解放区，已成为配合中原、西南战场战略中枢，是刘邓、陈谢、陈粟三军巩固后方和前沿的基地。

郧阳在历史上是一块饱经忧患而又刚毅、英雄的土地。在革命战争年代里，这片热土接纳和孕育了众多中华民族的精英，邓小平、李先念、刘伯承、贺龙、徐向前、徐海东、王树声、陈赓、许光达、刘华清等人都曾在这里纵横千里。在中华人民共和国的开国元勋中，不少的政治家、革命家、军事家都曾在郧阳战斗过和工作过。他们当中,党和国家领导人 19 名,军事家 12 名,元帅 3 名,大将 4 名,上将 18 名,中将 65 名,少将 273 名。他们是中华人民共和国和中国人民解放军的中流砥柱,是历经枪林弹雨的骁勇战将、金戈铁马的征战之王。他们的革命精神、高尚情操、聪明睿智,无不震古烁今、垂范后世。

汉水奔腾,时光流淌,无论时代变迁和使命不同,郧阳总是呈现出一种火热而昂扬的颜色——红色。这种生命的底色深深植入每一抔泥土、每一滴汗水,生生不息,炽烈似火。

【导语】"我失骄杨君失柳",很多人都知道这首《蝶恋花·答李淑一》是毛泽东为痛失的爱侣杨开慧而作,却极少人知道这首词同时也表达了他对一位革命战友的深深哀悼。这首词中所指的柳直荀就是杨开慧的挚友李淑一的丈夫,中共房县县委第一任书记。在中国革命历史上,贺龙、邓中夏、柳直荀、王树声等革命先驱率领的红三军曾在郧阳建立 105 个乡苏维埃政府红色苏区。让我们走进郧阳,踏访这片红色的土地。

(一) 红色郧阳——郧阳区第一中学

郧阳区第一中学(原名郧县第一中学)是湖北省首批重点中学、省级示范高中,位于郧阳中心城区,三面临江,融悠久的办学历史、深厚的文化底蕴和先进的办学理念于一体,是莘莘学子求学的绝佳之地。原中央党校校长杨献珍、百色起义领导人之一何耀祖、当代作家梅洁等都曾经在这里学习、生活或工作。

## 【研学点1】红楼

郧阳区第一中学有近五百年的办学历史,最早可追溯到明嘉靖二十六年(1547年)郧阳巡抚于湛创建的"郧山书院",几经风雨,2015 年学校更名为"十堰市郧阳区第一中学"。学校南门旁矗立着两幢风格古朴、历史厚重的红楼(见图 2-1),屋前的大树见证了红楼的百年沧桑和辉煌。

**图 2-1　红楼**

(图片来源:郧阳区第一中学提供。)

红楼之"红"是战争年代党旗映红的。抗战时期这里收容了湖北、山东、江西、河南、河北、江苏、安徽、辽宁等地的流亡学生在此就读。尤其在 1948 年,这里成为鄂西北第一份党报《陕南日报》(见图2-2)的创办地。

图 2-2 《陕南日报》截图
(图片来源：程培长提供。)

  1948年6月7日，陕南军区、陕南区党委和陕南区行政公署(简称陕南行署)在郧阳组建，辖两郧、商洛两专署，人口200余万。随着全国解放战争捷报频传，陕南党政部门决定创办一份铅印正规报纸。1949年5月1日，陕南区党委机关报《陕南日报》在郧县(现郧阳区)城关镇创刊。《陕南日报》编辑部设在当时郧阳联合中学的一间教室里(即现在的郧阳区第一中学的红楼)，社长由陕南区党委宣传部部长赵希愚兼任，第一副社长程文津，第二副社长李衡，总编辑李衡、程文津，副总编辑傅蔚然，编辑部主任施旸、吴生白，党支部书记周书。

  《陕南日报》四开四版，初为双日刊，后改为日刊，报头采用毛泽东主席手书集字，代发刊词为《巩固现有阵地，准备解放全陕南》。一版刊登中共中央、中央军委的政策、命令、指示及体现中共中央重大战略的社论、评论；各解放区战况、战绩；恢复生产、巩固政权、改善民生等重大题材报道。二版宣传陕南区各方面工作情况。三版介绍各解放区和全国各地各族人民欢庆解放、建立政权、剿匪反霸、恢复生产的典型事迹，反映人民向往解放的迫切心情。四版主要报道国际新闻，有时也刊登广告。遇有重大消息时，报社还会加印特刊或号外，如1949年9月21日，全国政协选出新中国中央人民政府组成人员，《陕南日报》就出版了一期号外。

  1949年陕南行署与军区西迁至汉中市，《陕南日报》也于1949年12月18日出版第125期后休刊，随后于1950年1月17日在汉中市复刊。1951年3月27日，出版第325期后，随着陕南区党委的撤销而宣告停刊。鄂西北第一份党报《陕南日报》，虽然创办时间不长，但其影响力无可估量，特别是对当时宣传我党政策、动员群众参加解放战争及解放初期建设，都发挥了重要作用。

  (资料来源：程培长.鄂西北第一份党报[N].十堰日报(数字报)，2020-09-25.)

## 【研学点2】杨献珍纪念碑

  红楼附近有一座八角亭，亭内矗立着杨献珍纪念碑(见图2-3)。杨献珍是湖北郧阳人，1896年出生于安阳口镇，名奎廷，表字献珍，是当代中国马克思主义哲学家、理论家、教育家，1955年至1961年任中共中央高级党校党委书记兼校长。

图 2-3　杨献珍纪念碑

（图片来源：郧阳区第一中学提供。）

杨家家境贫寒，祖父和父亲靠半农半工（手工缫丝）为生。杨献珍在七八岁时便帮父亲干活，隔三岔五到私塾先生家学点启蒙文化知识。他十分渴望进学堂读书。这一愿望在其13岁时得以实现，父亲东拼西凑筹得学费送他到县城求学。他不负父母厚望，仅用3年时间便完成小学6年的学业。16岁的他瞒着父母考入郧山中学（现郧阳区第一中学），两年后考入国立武昌商业专门学校。1920年以优异成绩毕业留校任教。

1925年，湖北省教育厅任命杨献珍为省立第十一中学（即原郧山中学）校长，他受命回到母校教学。1926年暑假期间的武汉之行，改变了他的人生轨迹。原来杨献珍早就向往投身共产主义事业，而这次一到武汉他就欣喜地与中国共产党地下组织取得了联系。他决定不再回郧阳，留在武汉为党工作。1926年10月10日，独立团攻克武昌。半个月后杨献珍秘密加入中国共产党，从此走上了革命的道路。

## 【研学点3】红船

离红楼不远处的汉江江面上，停泊着一艘长16米、宽3.2米的"红船"（见图2-4）。这艘红船是仿照嘉兴南湖红船原样，从江苏泰州船厂定制，并千里迢迢运抵郧阳的。

1921年中国共产党从浙江嘉兴南湖红船开始发展壮大，"红船精神"代表首创精神、奋斗精神、奉献精神。在红船停泊的岸边矗立着"红船精神"四个大字，上面

主题二　红色精神传承之旅

图 2-4　汉江边的"红船"

（图片来源：http://baijiahao.baidu.com/s?id=1671840020659760706&wfr=spider&for=pc。）

醒目地镌刻着"开天辟地、敢为人先"的首创精神；"坚定理想、百折不挠"的奋斗精神；"立党为公、忠诚为民"的奉献精神。这艘红船是2020年由郧阳区曹立常捐赠，他是一名有着50年党龄的老党员。他希望，以此教育引导党员群众了解红船历史，传承发扬"红船精神"。

### 知识链接

**郧中赋并记**

旷世嘉华，百业炽盛。时维二零零九，区委政府大手笔决策，徙郧中于郧山，郧中名之。仆劳八载，蔚然大成。迁330户，拓200余亩，内恢外弘，开物天工，顿踣冲俎，万难不可言尽。千秋有赖，唯此唯旌，遂记而赋之以为志。

日升东南，霞飞郧中，碧波长空，紫气盈门。

处半岛龙首，翠峰献碧；双虹插翅，市廛环屏；八方朝宗，皆我青青子衿。

陟春雪楼，踔府学宫，振郧山书院，继万世文伦。

他年，三皇庙创始，筚路蓝缕，辗转房郧，师范而中学，联中而县中，备尝艰辛。烈士亭下蜗居，偪塞逼仄，螺壳道场，掌中乾坤，师生同德，频出才俊。

己丑之夏，两校集并，寒暑易节，渐次落成。

一心四区，壮阔雄浑，传统现代巧接，古风新貌相生。广厦四合，征学涯似海，博大精深。楼呈书梯，寓勤攀有路，学以志登。骋目前庭，开敞广远，浓荫婆娑；环教苑宁馨雅舒，师生彬彬；起居区彩蝶开屏，风华欣沁；活动场雏鹰翻飞，虎虎生风。地脉文根，蔚蒸巍巍大郧！

天道坤，自强而不息；士弘毅，道远而任重。

立身树人，勤学求真，立足校训，矢志育人。

风水千转，文脉植根，秦巴呵护，蓝图日新。

风声水声读书声，声震江天；地气人气书卷气，气势凌云。

栋梁森森，寰宇同春。

（资料来源：蓝善清《郧中赋并记》。）

## （二）永垂不朽——郧阳革命烈士陵园

郧阳革命烈士陵园始建于 1950 年，是由当时的陕南地区行署和郧县（现郧阳区）人民政府联合主建的，原址在郧阳老城虎山之上，是当时襄、郧两地辖区内唯一的一个革命烈士陵园。

1968 年，丹江水利枢纽工程建成蓄水，郧阳老城被淹，烈士陵园也未能幸免，1978 年郧阳革命烈士陵园才正式迁址于现在的郧阳城区杨家山上。历经 20 年的不断扩建完善，整个陵园占地面积约 100 亩，包括览鹰园、光荣院、杨献珍纪念亭、纪念馆、影像馆、东西观景阁、长廊纪念碑亭以及 24.8 米高的革命烈士纪念碑，另有 500 多米的防护围墙，100 多米挡土墙，近百亩的松柏林和林中修建的石径小路、仿古石桌及石凳，还在登顶台阶三级平台上修建了草坪、花坛。

## 【研学点1】览鹰园

览鹰园占地面积为 200 平方米，园内陈放着一架我国自行设计生产的第一代高亚音速喷气式战斗机"歼-5"。这架退役战斗机，由 3 根 2 米多高的水泥柱托起。整个机身坐北朝南，机头微微扬起，仿佛就要展翅翱翔。细看机身，"八一""39731"的字样和五星图案依稀可见，历经战火的累累斑痕，向大家展示了它的辉煌历史。

该机由机身、喷气式发动机、起落架、机翼、尾翼五大部分组成。机身全部是金属结构，机长 11.36 米，翼展 9.60 米，机高 3.80 米，机体空重 3939 千克。机舱是密闭的，可增压调温，容纳机员一个，有操纵和弹射跳伞装置。装有两门 23 毫米和一门 37 毫米机关炮，两翼如不挂副油箱，可各挂一枚 50—100 千克重的炸弹。总载弹量 500 千克。最大速度 1145 千米/小时，巡航速度 800 千米/小时，实用上升限度 16600 米，最大航程 2020 千米，活动半径 800 千米，续航时间 2 小时 52 分。图 2-5 为"歼-5"战斗机。

图 2-5 "歼-5"战斗机
（图片来源：郧阳革命烈士陵园管理处。）

该机在国土防空作战和空训中，飞行近 200 小时，功勋卓著，于 20 世纪 70 年代退役。从郧阳走出去的原广州军区司令员杨正刚,当年也曾驾驶过这种战斗机作战,取得赫赫战功。由杨正刚提议,经中央军委批准,于1989年10月由广州空军部队赠给郧县(现郧阳区),用于开展国防教育、普及国防知识。该机现已成为郧阳革命烈士陵园的"镇园之宝"。

## 【研学点2】革命烈士纪念馆

革命烈士纪念馆里陈列着包括中国共产党初创时期和大革命时期、土地革命战争时期、抗日战争时期、解放战争时期的革命活动大事记,以及牺牲英烈(如李先念、贺龙、徐向前等老一辈革命家)的遗像、遗物、图片等,解放战争的前奏曲"中原突围"的情况介绍,震惊中外的"二七"大罢工中著名律师施洋的生平事迹等。

馆内安放着原中共红八军东江纵队政治部主任何耀祖(又名何世昌)的遗像,何耀祖为郧县(现郧阳区)城关镇人,是鄂西北地区较早的中共党员之一,曾参加邓小平、张云逸等领导的左右江起义,为创建左右江根据地建立了不朽的功勋。张云逸率部东征与井冈山红军会师时,何耀祖率地方革命武装在广西左右江地区打游击战,后被国民党在南宁杀害,年仅27岁。

馆内安放着这样一位烈士的遗像,他的名字叫聂之俊,1937年全面抗日战争爆发不久,当时正在武汉大学念书的聂之俊,为了唤起民众团结抗日,放弃学业,决定参加抗战宣传工作,他在离校前给妻子玉容写了一封长信,其中一段这样说:"我这次离开学校不回家中,不知曾难过多少次,流泪多少次,两个问题,一个是家,一个是国,到底哪个重要,终究不能两全,古人早就说得很好,而我现在不是投笔从戎,只是在后方做准备工作,做唤醒民众工作,使将来日本人来了他们不变为汉奸,也不逃走,能和他们拼命。"1937年,聂之俊受董必武等早期党的领导人指派,到原郧阳专区竹溪县从事革命活动时,被反动派逮捕杀害,牺牲时年仅27岁。

瞻仰英烈的遗像,那坦露心怀的真情,那在民族危难之时毅然舍小家为国家的家国情怀,催人泪下,促人奋进。在国难当头、生离死别的考验面前,革命先烈们视死如归,气壮山河,今天我们这些活着的人,怎么能在名利关头中箭落马呢?怎么能因一己私利,为一点虚荣,丧失原则,动摇信心呢?

革命烈士纪念馆已经成为郧阳区和十堰市重要的爱国主义基地,每年都有众多市民、中小学生自发到这里接受精神洗礼。

## 【研学点3】革命烈士纪念碑

登上山顶,屹立在纪念碑前,仰视拔地倚天、巍巍耸立的高大碑身,他好像革命先烈的英姿;极目碑顶,他好似英雄高昂的头。傲视苍穹,敬仰之情顿时涌上心头,革命先烈们为人民的翻身、民族的解放,为中华人民共和国的诞生流血、牺牲表现出的气壮山河的大无畏精神,强烈震撼着人们的心灵。肃立在纪念碑前,多少颗沉寂的心被一次次唤醒,被一次次震撼,多少心灵的污垢被一次次冲刷。图2-6为郧阳革命烈士陵园。

图 2-6　郧阳革命烈士陵园

（图片来源：http://hbds.cnhubei.com/hsyz/hsyz/201503/t20150326_63093.shtml.）

登上陵园内的东西风景阁，那檐牙高啄的仿古四角亭，如鲲鹏展翅，凌空腾飞。置身阁中，眺望远方，全城尽收眼底，大有"会当凌绝顶，一览众山小"的感受。只见那高楼大厦，好似小孩手中摆弄的排排积木，就连稍远处的郧阳汉江公路大桥高大的人字形斜拉塔，这时看上去像是一对圆规插在汉江两岸，凭栏远目，遥望蜿蜒东流的汉江，绵延起伏的远山横无际涯，一碧如洗的蓝天，让人依稀视通万里，思接千载，一切烦恼和忧愁尽抛脑后，使人久久不愿离去。

长 60 米的仿古长廊里，屹立着四块大理石纪念碑。纪念碑上分别镌刻着大革命时期、抗日战争时期、解放战争为郧阳人民翻身解放而牺牲的千余位烈士的英名。他们中最大年龄为 61 岁，最小的刚满 14 岁，绝大部分是 30 岁左右的热血青年，在他们风华正茂的年纪，却为了民族伟业献出了宝贵的青春和生命。每当看到这些英烈的名字，人们会感到无比悲壮，更加觉得今天的美好生活确实来之不易。

> **知识链接**
>
> **燕若痴——坐穿牢底宁死不屈的知名烈士**
>
> 燕若痴（1906—1940 年），郧县（现郧阳区）城关人。1926 年加入中国共产党，同年冬天前往武汉中央农民运动讲习所学习。
>
> 1927 年 7 月，燕若痴从中央农民运动讲习所毕业后，奉中共湖北省委负责人陈潭秋和鄂北特委的批示，以特派员的身份回到郧县与隐蔽下来分散在各处的共产党员取得联系，恢复了当地的党组织。1928 年 11 月，中共鄂北特委决定将中共郧县支部改为特别支部，并派共产党员宋奎卿来郧县协助开展党的工作。燕若痴和宋奎卿密切配合，根据党的"八七"会议精神，点燃了当地武装斗争的革命烈火。1928 年冬，燕若痴、宋奎卿到大柳乡发动农民，开展土地革命斗争。当了解到莲花山下的马述理、马述贤、马述光兄弟三人自发组织起一支武装后，二人立即同马氏兄弟取得联系，经过启发教育，马氏兄弟接受了

党的主张,并加入中国共产党。马氏兄弟私人武装也逐渐被改造为革命武装,且不断发展壮大。燕若痴、宋奎卿带领群众打土豪、分田地,领导农民减租减息,创建了我党在鄂西北最早的两个根据地之一的大柳根据地(另一个是纪大纲领导创建的乌头根据地)。1930年,因鄂北特委负责人傅良驹被捕叛变,党组织遭到破坏,燕、宋二人相继撤离郧县。在敌人的重兵围剿下,马述贤牺牲,马述理、马述光叛变,已损失过半的队伍不宣自散。

1936年5月,由于特务告密,国民党驻军以"共党嫌疑"罪名将燕若痴逮捕,并施以酷刑,燕若痴坚贞不屈,后又被转押到武汉关押,受尽酷刑。国共第二次合作后,燕若痴于1937年7月被提前释放。回到郧县后,燕若痴继续从事革命活动,他利用郧阳中学庶务员的身份,开办"书报流通社",秘密发行《新华日报》《抗战读本》等宣传抗日的进步书刊。他还鼓励青年学生走上街头宣传抗日救国精神,焚烧日货,为抗日部队筹集药品。1938年,在山西抗日前线工作的杨献珍给郧县党组织来信,希望能组织一批青年到山西抗日前线,燕若痴在郧县安阳、城关、茶店等地组织了30多名青年到山西参加"牺盟会",这些热血青年为抗击日本侵略军而血洒疆场,许多人后来成为党的领导干部。

1939年10月,国民党当局以"煽动民众,推翻政府"的罪名,再次将燕若痴逮捕。在狱中,国民党当局对他严刑拷打,威胁利诱,但他视牢狱为战场,誓将牢底坐穿,宁死也不屈服于敌人的淫威。敌人惨无人道的折磨,使身患肺病的燕若痴吐血不止,不久病重去世,时年34岁。

(资料来源:根据相关资料整理。)

## 知识链接

### 知名烈士——忠诚的共产主义战士张鸿盛

张鸿盛是久经考验的忠诚的共产主义战士,中国共产党优秀的白区工作者。1913年出生于郧县(现郧阳区)大堰乡翻山堰村,1939年加入中共郧县地下党,1940年任中共郧县地下党朝阳寺小学党支部书记,1944年任中共郧县地下党总支委员会书记。20世纪40年代,中共鄂西北地下党遭敌破坏,郧县地下党县委书记燕若痴被捕,在狱中被敌毒打致死后,张鸿盛在与上级党组织失去了联系的情况下,坚持领导地下党员同敌人开展长期革命斗争,为郧县解放做出了不可磨灭的贡献。1947年郧县解放后,他立即由地下转为地上,投入剿匪反霸、土地改革、政权建设等工作,任民教科负责人。1949年春,郧北山区土匪活动猖獗,他奉命前往鄂陕交界的大柳乡一带开展对土匪的争取和瓦解工作,在较短的时间内即取得了显著成绩。1946年6月他不幸被匪首陈朝荣逮捕,土匪们对他施以种种酷刑,逼其投降,但他临危不惧、视死如归,依然向匪首讲解党的方针政策,教育匪徒放下武器,弃暗投明,走自新之路。在张鸿盛反复晓以大义、陈明利害的感召下,匪首们为之所动,向张鸿盛提出谈判条件:一是释放他们家属;二是放下武器投降后,不围剿他们。张鸿盛认为匪首们所提条件,符合党的"首恶必办,胁从不问,立功受奖,不杀俘虏"的方针政策。于是,他便将匪首们的两个投降条件报告了当时的县长,请县委、县政府对此进行表态,岂料送信出去,县委、县政府还没有回应时,土匪以为张鸿盛是在欺骗他们。

　　随后,匪首陈朝荣指使4名匪徒将张鸿盛押解到王家凹,将他绑在一棵大树上,然后施以酷刑。临刑前,张鸿盛仍继续向匪徒们宣讲共产党的政策,高呼"共产党万岁""共产党是杀不尽的!"等口号……

　　就这样,张鸿盛壮烈牺牲,年仅36岁。他那短暂而辉煌的一生都献给了郧阳这片土地。张鸿盛牺牲后,郧县县委追认他为革命烈士。

（资料来源:根据相关资料整理。）

### (三) 丰碑永存——红色南化塘镇

　　南化塘镇是李先念、徐向前、王震等15位党和国家领导人及328位开国将帅浴血奋战过的红色古镇,有红色旅游景点32处。图2-7为南化塘革命烈士陵园。

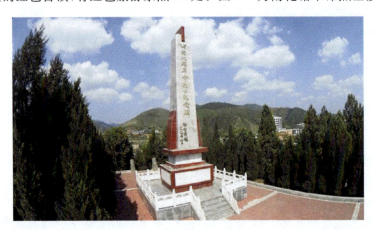

**图2-7　南化塘革命烈士陵园**

（图片来源:http://hbsy.wenming.cn/ztzl/2019qmjyl/201903/t20190325_5761541.shtml.）

　　南化塘镇地处鄂豫陕三省边陲,素有"鄂之屏障、豫之门户、陕之咽喉"之称,自古军事地位十分重要。新民主主义革命时期,先后有6支人民军队在此开展武装斗争或创建革命根据地。1932年,徐向前、陈昌浩率领红四方面军西征,部队途经南化塘时,与敌军进行了英勇激战,冲破重重堵截,胜利转入川陕地区。1934年,红二十五军遵照中共中央的指示,向西北实行战略转移,程子华、徐海东率领红二十五军转战南化塘,创建了鄂豫陕革命根据地。1935年,陈先瑞率领红七十四师在南化塘等地与敌激战,粉碎了敌人的数次"围剿"。1946年,李先念、王震率领中原突围部队,激战鲍鱼岭,血战南化塘,冲破胡宗南部的围追堵截,粉碎了国民党部队在南化塘一带彻底消灭中原部队的阴谋。1947年8月,陈赓、谢富治率领陈谢兵团跨过黄河,挺进豫陕鄂边区,开辟了豫陕鄂革命根据地,使十堰成为湖北省解放最早的地区。战争年代,先后有15位党和国家领导人、328位将帅在南化塘浴血奋战过。在长期的革命斗争中,成千上万的指战员和革命志士,抛头颅,洒热血,英勇战斗在南化塘。这里的崇山峻岭之中,长眠着战死沙场的无数英烈。

## 【研学点1】南化塘革命烈士陵园

南化塘革命烈士陵园位于风景秀丽的南化塘镇南化村胡家岩泰山庙山头,始建于1986年,1987年扩建,1988年竣工,是全国爱国主义教育基地和湖北省红色旅游基地。目前陵园占地6亩,设有纪念碑、陈列馆、革命将领纪念馆、报告厅、放映厅等。据不完全统计,南化塘镇革命烈士陵园每年接待前来参观、悼念和开展集体活动的游客在20万人次以上。

南化塘革命烈士陵园主体建筑由纪念碑、革命将领纪念馆、陈列馆三部分组成。纪念碑高15米、宽2.75米,正方形碑座边长5米。纪念碑正面是徐向前元帅亲笔书写的碑名"南化塘革命烈士纪念碑",碑文为1987年时任国家主席的李先念同志亲笔撰写:

"南化塘具有光荣的革命斗争历史,是著名的鄂豫陕革命根据地和游击区的组成部分,是中国共产党领导的人民军队浴血奋战过的地方。一九三二年十一月,中国工农红军第四方面军主力撤出鄂豫皖革命根据地西征,途经南化塘时,全体指战员在徐向前总指挥的率领下与敌军进行了英勇激战,冲破敌人的堵截,胜利转入川陕,创建了川陕革命根据地,一九三四年十一月,红二十五军遵照中共中央的指示,向西北实行战略转移,在广大人民群众的密切配合下,开创了包括南化塘在内的鄂豫陕革命根据地,红二十五军西征北上后,新建组的红七十四师和游击队,从一九三五年七月至一九三六年十二月,坚持了鄂豫陕边区的游击战争,积极地配合了主力红军的长征和陕北革命根据地的斗争。一九四六年六月六日,中原人民解放军遵照党中央的英明决策,进行了中原突围。于七月十七日进抵南化塘时,遭到了埋伏在此地和玉皇山一带的敌军胡宗南部队的阻击,我军与敌军展开了顽强搏斗和竭力鏖战,摧垮了敌人防线,突出重围。随后,一部转入陕北,大部进到陕南和当地游击队会合,经南化塘激化,中原突围取得了决定性的胜利。在中国长期革命斗争中,成千上万的指战员和革命群众壮烈牺牲在南化塘,为了继承先烈遗志,教育后代,发扬光荣革命传统,鼓舞人民为建设具有中国特色的社会主义和实现共产主义的理想而奋斗,谨树碑撰文,以示纪念。"图2-8为中原突围战纪念碑。

革命将领纪念馆和陈列馆,收藏有200多件战争遗物,展示了近300位在南化塘作战过的将士图片,收录10余张红军、新四军、八路军在鄂豫陕及南化塘的作战图,采用图文、实物、影像等资料相结合的方式,全面展示了中华人民共和国成立后15位党和国家领导人以及328位共和国将领的革命征程,详细记录了无数革命先烈们在南化塘英勇奋战、不惧牺牲的光荣事迹。

图 2-8　中原突围战纪念碑

（图片来源：http://data.library.hb.cn:8001/hslswh/jncg/sys/jncg3/201803/t20180321_386321.shtml.）

### 知识链接

**丰碑永存之二十九——雄关漫道：南化塘烈士陵园**

南化塘烈士陵园位于十堰市郧阳区南化塘镇南化村胡家岩泰山庙山头，1999 年 2 月被湖北省人民政府公布为爱国主义教育基地。

秦岭汉水留英灵，碧水丹心铸忠魂。1986 年，南化塘镇义务修建了南化塘革命烈士陵园，之后曾多次对烈士陵园进行修缮。目前，陵园占地 4000 平方米，主体建筑由纪念碑、革命将领纪念馆、陈列馆三部分组成。纪念碑高 15 米，宽 2.75 米，碑体正面是徐向前题写的"南化塘革命烈士纪念碑"。革命将领纪念馆和陈列馆，均采用图片、文字、实物和影像相结合的展示形式，全方位反映了中华人民共和国成立后 15 位党和国家领导人、328 位共和国将帅戎马一生的革命历程，详细记载了无数革命先辈在南化塘浴血奋战、英勇牺牲的光辉事迹。

（资料来源：湖北党史网，http://hbds.cnhubei.com/dsxc/hhlc/201902/t20190212_143163.shtml，略有修改。）

## 【研学点 2】玉皇山

在南化塘这片红色的土地上，中原突围（血战南化塘）战役在此打响，鄂豫陕革命根据地和红十九军成立于此并发展壮大，红三、红四方面军，红二十五军在此开展了长时间的武装斗争。南化塘玉皇山战斗尤为著名。

1946 年 7 月 17 日，李先念率中原解放区部队在南化塘镇玉皇山遭遇国民党军队的阻击。经过两天两夜的血战,我军突围部队突破敌人的三道防线占领玉皇山顶,打开了突围的缺口。随后,我军将士坚守山头 16 小时,掩护中原局局机关冲出包围圈,取得了中原突围的决定性胜利。这一场战斗,近千将士牺牲在玉皇山上。玉皇山作为中原突围战役的主战场,具有重要的历史、文化和教育价值。此地的红色资源对于发展红色旅游,开展历史文化传播教育,弘扬红色革命传统精神具有重要意义。图 2-9 为南化塘玉皇山。

**图 2-9　南化塘玉皇山**

(图片来源:南化塘镇张汉国提供。)

### 知识链接

#### 玉皇山的革命先烈浴血奋战史

据玉皇山当地老人朱全财回忆,1946 年 6 月,国民党将领胡宗南率领一个军的部队从陕西一路来到南化塘玉皇山活动。胡宗南的部队到来后,率先占领了玉皇山的制高点玉皇顶,并在那里修筑起了防御工事,阻击新四军突围部队前进。他的部队在这一带抢夺粮食,掠夺牲口,抓年轻的村民给他们做劳工,无恶不作。1946 年 6 月 11 日早上 7 时左右,李先念司令员和政委郑渭三带领的新四军聚集到玉皇山脚下。他们虽然非常饥饿,但从不搅扰村民,不伤害群众。副司令员王震、37 团团长夏世厚、38 团团长曾光太等指战员,遵照司令员李先念的指示到前沿阵地观察地形。玉皇山海拔将近 1000 米,敌人提前占领了玉皇山的制高点玉皇顶,我军只有潜伏在玉皇山下四周的密林之中,伺机准备和敌人战斗。

又据 84 岁的老人李新福说,1946 年 6 月 11 日的早上,天气不是太好,到处弥漫着雾气,他很早就去了玉皇山对面的马头寨放牛。快到中午的时候,他把村里的四五十头牛往回赶,在路上听见玉皇山上响起了枪声,当时把他吓得牛也顾不上了，迈开大步便往回跑，跑的过程中，从山上打下来的子弹就在头顶上嗖嗖经过。他一口气跑到朱扒沟，躲进了一个乱石窖里。刚藏好就听见山上响起了冲锋号的声音，接着就是密集的枪响声，手榴弹和炮弹的爆炸声响成一片。

由于玉皇顶海拔高，在玉皇山的东南侧又有高几十丈的悬崖，山下的坡度都是60°往上，此地易守难攻。我军久攻不下，人员伤亡惨重，部分将士受伤后被抬到村里，但是因当时条件差无法救治，后来都牺牲了。在经过无数次冲锋后，我军部分将士抵达玉皇顶的国民党防御工事的前门和后门周围。激战到第二天早上，新四军战士们在战友的相互掩护下一个个爬上了玉皇顶的大树上，对敌人的火力点展开猛烈攻击。有个20多岁的战士杨明强，他爬到玉皇顶右面的大柏树上，在战友们的协助下摧毁了敌人的机枪火力点。此时，敌军心惊胆战，子弹用尽，仓皇躲到了玉皇顶的后庙里，换上道服潜逃而去。我军趁势冲上了玉皇顶。经过两天两夜的激战，人员伤亡严重，抵挡在玉皇顶的前后门的战士死伤无数。

此次战役，死伤近千人。部队撤走后，村民在民兵大队长胡德明的带领下到玉皇山掩埋新四军战士的遗体，只见漫山遍野都是遗体，血流成河，山上山下的弹壳一堆一堆的，树干上到处打满了子弹壳。场面惨烈，大家含泪小心掩埋了英烈们。

后来国民党的部队往瓦川坡的方向逃了过去，新四军的部队从玉皇山撤回，往陕西进发，途经瓦川坡时又和胡宗南的部队相遇，再次展开激战，最后冲出重围从秦家漫向陕西革命根据地前进。

玉皇顶一役，新四军彻底击垮了国民党胡宗南的部队，为中原突围争取了时间，为中原解放奠定了基础。

（资料来源：根据相关资料整理。）

## 三、推荐线路

（1）红色郧阳之旅：郧阳区第一中学—郧阳革命烈士陵园。

（2）踏访红色革命战役遗迹：南化塘革命烈士陵园—玉皇山。

# 主题三 古色传统文化之旅

## 一、课程简介

研学主题:郧阳古色传统文化。

研学课程:国家级非物质文化遗产——郧阳凤凰灯舞,古代官府粮仓——大丰仓,明代文庙——郧阳府儒学宫,明清建筑——冻青沟古建筑群,郧阳民俗——龙韵村民俗馆,报纸收藏——郧阳培长报纸博物馆。

研学要义:探寻、认知、传承、弘扬郧阳传统文化。

研学基地:郧阳文化馆、大丰仓、郧阳府儒学宫、冻青沟古建筑群、郧阳城墙遗址公园、龙韵村民俗馆、郧阳培长报纸博物馆。

活动时间:2天。

融合科目:语文、历史、地理、音乐、美术、综合实践活动、地方课程、校本课程等。

## 二、课程资源

### 古老郧阳,古色文化

拂去岁月的尘埃,缀起文明的碎片,郧阳以生命起源的久远和文化积淀的丰厚而令人惊叹。百万年人类演进史、千年方国发展史、五百年抚治史使郧阳积淀了深厚的文化。1577千米的汉江穿境而过,贯通东西,连接秦巴地区。郧阳地处中国版图的"鸡心"位置,自古以来就是交通要道、商贾码头、战略重地。在漫长的历史演进中,郧阳文化兼收并蓄,形成了多元的文化特征,汉江文化、青铜文化、方国文化、商埠文化、移民文化、抚治文化等文化基因,都在这片土地上传承。如今,郧阳大地上散落的各种文化遗迹、非物质文化遗产,成为了解古老郧阳、古色文化的瑰宝。它们能让人体会到郧阳在中华历史长河中举足轻重的地位;品味到郧阳文化的艺术魅力和经久不衰的生命力;感受到郧阳人艰苦奋斗的品质和积极进取的探索精神。

【导语】自"郧县人"头骨化石、青龙山恐龙蛋化石、梅铺镇李家村恐龙骨骼化石相继被发现后,郧阳被誉为"恐龙的故乡,人类的发祥地"。随着考古学家的发掘,证实了这里"生命没断线,人类没断代,文化没断层",因此,郧阳又被誉为"汉文化的摇篮""楚文化的源头"。万古一地,千年文明,郧阳古老而神奇的地域文化在历史的星空里闪烁着耀眼的光芒。

## （一）国家级非物质文化遗产——郧阳凤凰灯舞

郧阳凤凰灯舞又称玩凤凰、凤凰舞，是一种地方特色传统舞蹈。起源于老郧阳（辖现在十堰市及周边地区）。创始人叫王明德，郧阳人，清光绪年间的进士，官至"内阁中书"，深知慈禧的心理，为给慈禧六十大寿献礼而创造了凤凰灯舞。民间艺人王春堂、耿启才、耿家喜、罗化东等将其代代传承，凤凰灯舞发展至今，仍有不少传承人和演艺群体，他们正积极将这一艺术形式发扬光大。图 3-1 为郧阳民俗凤凰灯舞闹元宵。

**图 3-1　郧阳民俗凤凰灯舞闹元宵**

（图片来源：http://www.cphoto.com.cn/dz/viewthread.php? tid=71407&extra=page=1&page=212.）

1993 年，郧阳凤凰灯舞被列入湖北省小学六年制第三册《美术》教材。1996 年，郧县（今郧阳区）成立郧阳凤凰灯舞艺术团。郧阳区文化馆设立郧阳凤凰灯舞传习所，成为郧阳凤凰灯舞的扎制、表演和吹打乐培训基地以及凤凰灯存放地。2014 年 11 月，郧阳凤凰灯舞被列入国家级非物质文化遗产名录。2017 年郧阳凤凰灯舞作为国家级非物质文化遗产，代表十堰参加《魅力中国城》竞演，登上中央电视台，后又成为电影《山里娃》的拍摄背景，广为传播。

凤凰灯舞道具制作以竹篾、皮纸、皮纸捻儿、五彩纸、竹竿为主要材料，通过扎制、裱糊、彩绘、组合连接等工艺精制而成，其要件有凤凰灯、花盆灯、太阳灯等。凤凰灯由 6 部分组件连接而成。一般造型尺寸：凤头为 41.5 厘米，凤颈为 400 厘米，凤身为 110 厘米，凤翅为 80 厘米，凤腿为 120 厘米，凤尾为 180 厘米。图 3-2 为郧阳凤凰灯。其连接件的作用是控制凤翅、凤尾的操作，置于凤身内。凤头撑杆 1 根长 220 厘米，凤身撑杆 1 根长 140 厘米，凤身撑杆上部与连接件相连，下部配负重皮腰带 1 根。花盆灯 5 至 10 盆，均配置相同长度的撑竿（长 180 厘米），花卉品种以牡丹为主，适量用其他花卉进行衬托。太阳灯 1 个，上面彩绘有云朵、太阳、火焰，其撑杆长 220 厘米。

表演服装以汉族传统服装为主，必要时着戏曲服装。擎花者头饰均为花束帽，舞凤者均佩戴民间头巾。乐器主要有管乐和打击乐两类。管乐有唢呐 2 只，笙 1 至

**图 3-2　郧阳凤凰灯**

（图片来源：https://www.sohu.com/a/232385040_100163025.）

2 只；打击乐有大鼓、板鼓各 1 面，大锣 1 面，钩锣 1 面，马锣 1 面，大钹 1 幅。表演者以古朴的汉民族生活习性和行为模式为依据创造出韵律优美的舞蹈步法。

凤凰灯表演按照"凤鸣—百花拥凤出巢—凤凰游园—凤鸣—凤凰寻花—凤凰戏牡丹—凤舞—凤凰理羽—凤凰打盹—凤凰展翅—凤凰朝阳—凤凰点头—凤凰回巢"的顺序依次进行，古朴典雅，舞姿优美，并配以独特风格的凤凰灯曲调，激越、欢快，将凤凰机警、灵动、高雅、神圣的动作和姿态演绎得栩栩如生，凸显出浓郁的地方特色和传统民俗文化特色，是郧阳人节日狂欢不可或缺的华彩。

（资料来源：曾国辉．郧阳非物质文化遗产[M]．北京：中国文化出版社，2017．）

### （二）古代官府粮仓——大丰仓

位于郧阳区城关镇北门社区的大丰仓是湖北省唯一的明代官府粮仓，也是目前国内保存较完整的古代官府粮仓之一，其规模宏大、形制完备，因独特的建筑风格和保存完好的建筑主体在全国具有十分重要的地位。2013 年 3 月被国务院公布为全国重点文物保护单位。

据《郧县志》记载，大丰仓原有 6 栋粮仓，分主仓、副仓、前仓、后仓等，建筑规模约为 5000 平方米。现保存一座主仓和两座副仓，三座仓库呈品字形分布，如图 3-3 所示。建筑面积约为 1700 平方米，原粮仓建筑基址大部分被保留下来，总占地面积约为 1.2 万平方米，粮仓为砖石墙体和木梁架全封闭仓体结构。

大丰仓主仓为歇山重檐灰瓦屋顶，屋脊原为雕花镂空砖，屋檐瓦当均为浮雕纹饰装饰，外观非常精美。仓内重檐四周设置活动竹编花纹通风窗，仓底设置 1 米高的木板防潮楼。主仓分 6 个小仓，四周墙壁装有木板防潮墙，四周墙根每间隔 4 米设有许多通风口，安装活动通风口木闸门。该仓保存较好，至今仍可使用。

主仓内部，整个框架结构由直径 20 厘米左右的木柱搭建而成（见图 3-4）。上下两层均可用木构件隔成若干个小间，构件可随意拆装，每个隔间也可以根据入库的数量和品种不同而改变大小。这种内部结构科学、实用、便捷，可谓独具匠心。其木框架全封闭仓体、歇山顶架构采用传统的对称法设计，体现了平衡力学原理的运用，可达到抗震、防风的效果。郧阳历史上曾发生过数次地震，但均未对大丰仓

**图 3-3　呈品字形的大丰仓**

(图片来源：https://www.sohu.com/a/125158493_556544.)

建筑造成直接破坏。该建筑外形高大雄伟、风格古朴精致、整体气势恢宏，设计者将这种外部造型美与梁架结构以及自动通风、除湿功能巧妙结合起来，经久耐用且便于修缮，使实用技术与建筑艺术达到高度统一，堪称建筑史上的"设计一绝"。

**图 3-4　大丰仓主仓内部支撑木柱**

(图片来源：https://www.sohu.com/a/125158493_556544.)

大丰仓是湖北省保存最完整的古代官方储粮仓，作为储备粮食的梁架结构建筑，其与社会生产关系、经济结构等息息相关，折射出明清以后特别是郧阳府所辖鄂、豫、陕、川交界地域深刻的社会变革。大丰仓历经明代、清代、民国时期、中华人民共和国四个历史阶段，作为官方仓储延续500多年，见证了各个历史时期社会动荡、发展的每一过程，对研究历代仓储制度及仓库布局、古代农业、农民及社会经济体制等许多社会问题和古代建筑艺术等都具有十分重要的社会价值和意义。

郧阳区委、区政府高度重视文物保护和利用工作,按照"保护为主,抢救第一,加强管理,合理利用"的文物保护工作的方针,已对大丰仓及其周边环境进行了统一规划和修缮。这里将建成一座集古代农耕、生产、粮食仓储、食品加工、生活、民俗民风于一体的郧阳农耕文化博物馆,再现大丰仓古代粮食仓储的风姿。郧阳大丰仓的保护利用将成为郧阳区文化旅游线上的一个亮点。

## 知识链接

### 大丰仓的历史

据史料记载,汉代时全国推行常平仓制度,即由县一级行政机构设立常平仓,常年储备粮食,延至清代,郧县常平仓设于县署东南。隋代在常平仓制的基础上,又有了新发展。百姓秋收时,将部分粮食储藏于居民集聚区,设立义仓,以备兵祸荒年。宋乾德元年(963年)首次在乡村设立社仓,主要设立在乡村居民集聚区。至清同治五年(1866年)前,郧县设有社仓84座,分散于各乡村。郧县大丰仓实以郡制建立,故也可称之为郧阳大丰仓。据清康熙二十四年(1685年)《郧阳府志》记载:郧阳大丰仓在府治西八十步,明成化十三年(1477年)建。又据清同治五年(1866年)《郧县志》记载,明万历四十一年(1613年)时,汉江发大水,洪水入城,大丰仓所有仓储全部湮没。此后,大丰仓迁建于郧县城小西门内高岗山上,即现在大丰仓的旧址。

清同治元年十月初九,太平军扶王陈得才率军由河南淅川经琵琶滩直逼郧县,攻势甚猛。因官府提前已经获悉太平军攻打郧县的消息,提前两天分兵把守郧县各城门,做好了充分准备。其中北门地势较高,为战略要冲,由总兵讷钦、知府艾浚美亲临率众把守,知县奎联率众守东门,并将大丰仓栋梁檩柱拆下,堆在城墙上,当滚木以抵御太平军。大丰仓储粮严控配发,以解围城之急。太平军久攻不下,于1862年12月7日渡河,分三路退入两竹、房县。而后,大丰仓废毁,不再购进和储存粮食。

清光绪七年(1881年)秋,郧县知县在旧址上新建大丰仓。历时两年多,耗费厘金4600两白银,建成正屋5间,粮仓20间,被誉为"节俭兴事"之典范。之后,知县再率水师、驱军船,采办粮食10000石(1石=100升),分储于仓中,再耗费厘金12600多两白银。新建的大丰仓,墙壁为砖石结构,屋面为土窑灰瓦,房顶为九脊歇山重檐式,正屋南向,两旁库房四列三院。院前设门屏,四周修有围墙,总占地面积为3500平方米,远看空旷肃穆,气势恢宏。

民国时期,税收政策改变,以征银取代了征粮,故而大丰仓被闲置,年久失修,日见破败。1947年郧县(现郧阳区)解放,整个粮仓仅有一半可用,其他均为废仓。即便如此,大丰仓也被确定为中央粮库郧县第一分库。20世纪50年代初,郧阳专署粮食局成立,大丰仓成为专署直属库。此后当地政府拨专款修缮,并新建砖木结构仓库5栋,新增仓容2700吨,重新恢复了晚清时期大丰仓的气势和作用。

(资料来源:十堰市郧阳区档案局,https://www.sohu.com/a/125158493_556544,略有修改。)

## （三）明代文庙——郧阳府儒学宫

郧阳府儒学宫始建于明洪武年间（1368—1398 年），为县学；明成化十二年（1476 年），郧阳设府，为府学。至 20 世纪 80 年代，郧阳府儒学宫仅存大成殿，这也是湖北省仅存的府学建筑。2002 年，大成殿被湖北省人民政府列为省级文物保护单位。

据《郧县志》记载，郧阳府儒学宫占地近 300 亩是一座完整的府学建筑，以大成殿为中心，有前殿、后殿和大殿，东西有庑，有儒学宅、儒学堂和餐橱堂，有长廊同大殿相连。后殿为明伦堂，左右为教谕署、训导署，大殿内有五个龛，中间供奉孔子，两旁为四配、十二哲，东、西庑分别供奉先贤、先儒 138 人。郧阳府儒学宫是明清时期郧阳、荆襄、豫西、陕南的科考中心，时间长达 300 多年。

大成殿是郧阳府儒学宫的主殿，坐西北朝东南，原建筑群有围墙，西南侧有南便门。大成殿主体建筑面积达 642.5 平方米，面阔 36.3 米，进深 17.7 米，高 12 米，建筑面阔 7 间，进深 3 间，单檐歇山式，灰筒瓦屋面，琉璃瓦镶边，木制构架砖石结构建筑。明清时期重修十余次，是郧阳府（现郧阳区）在 1476 年至 1911 年间唯一的儒学建筑实证，是鄂豫陕地区政治、文化、经济中心的实证，对研究明清时期郧阳的政治、经济、历史、文化、教育、建筑艺术等具有重要的历史和科学价值。

为了充分做好文物保护工作、合理利用文物资源、服务文化旅游和经济社会发展，郧阳区人民政府于 2012 年开始，依法将大成殿整体易地搬迁复建，本着尊重历史、科学适用的原则，以县志和史料的记载为依据，复建再现郧阳府儒学宫的历史原貌。图 3-5 为复建后的郧阳府儒学宫全貌。搬迁复建后的郧阳府儒学宫建筑群位于柳陂镇孙家湾村郧阳岛文化主题公园，以大成殿为中心，前有月台、启圣殿、戟门、状元桥、棂星门及广场，后有明伦堂、朝圣斋、训导署，左右有 8 间厢房与庑等，占地面积为 5.3 万平方米，是郧阳区按照文物保护工程要求搬迁复建的园林景观式古建筑群。

图 3-5　复建后的郧阳府儒学宫全貌

（图片来源：郧阳博物馆提供的郧阳府儒学宫复建规划图。）

## 知识链接

### 科举制度

科举制度是历经隋唐到清代1300多年封建王朝分科考选文武官吏及后备人员的制度。隋代以前采用九品中正制选拔官员，导致出身寒门的普通人无法步入仕途，隋代开始改为科举制，让任何参加者都有成为官吏的机会。明清时期科举考试逐渐僵化，被称为"八股取士"，后于清末废除。

唐代武则天时创殿试和武举。殿试的产生排除了一些通过钱财来考入进士的人，是完善科举制的一项重大措施。唐玄宗时，诗赋成为主要的考试内容。

宋代进士分为三等：一等称进士及第；二等称进士出身；三等赐同进士出身。熙宁八年（1075年），宋神宗下令废除诗赋、贴经、墨义取士，以王安石的《三经新义》和论策取士。并把《易官义》《诗经》《书经》《周礼》《礼记》称为大经，《论语》《孟子》称为兼经，定为应考士子的必读书。

明代正式科举考试分为乡试、会试、殿试三级。乡试是由南、北直隶和各布政使司举行的地方考试，地点在南、北京府，布政使司驻地，每三年一次。会试是由礼部主持的全国考试，又称礼闱。殿试在会试后当年举行，时间最初是三月初一。明宪宗成化八年（1472年）起，改为三月十五。应试者为贡士。贡士在殿试中均不落榜，只是由皇帝重新安排名次。殿试由皇帝亲自主持，只考时务策一道。殿试毕，次日读卷，又次日放榜。录取分三甲：一甲三名，赐进士及第，第一名为状元、鼎元，第二名为榜眼，第三名为探花，合称三鼎甲。二甲赐进士出身，三甲赐同进士出身。二、三甲第一名皆称传胪。一、二、三甲通称进士。进士榜称甲榜，或称甲科。进士榜用黄纸书写，故叫黄甲，也称金榜，中进士则称金榜题名。明代乡试、会试头场考八股文。而能否考中，主要取决于八股文的优劣。所以，一般读书人往往把毕生精力用在八股文上。八股文以"四书、五经"中的文句做题目，只能依照题义阐述其中的义理。措辞要用古人语气，即所谓代圣贤立言。格式也很死板，结构有一定程式，字数有一定限制，句法要求对偶。八股文也称制义、制艺、时文、时艺、八比文、四书文。八股文即用八个排偶组成的文章。以首句破题，然后承题，接着起讲，再后入手。八股文的主要部分，是起股、中股、后股、束股四个段落，每个段落各有两股。篇末用大结，称复收大结。八股文是由宋代的经义演变而成的。八股文的危害极大，严重束缚了人们的思想，是维护封建统治的工具，同时也把科举考试制度本身引向绝路。明末清初著名学者顾炎武曾愤慨地说："八股盛而《六经》微，十八房兴而二十一史废。"又说："愚以为八股之害，甚于焚书。"

清代的科举制度与明代基本相同，但满族享有特权，做官不必经过科举途径。清代科举在雍正之前分满汉两榜取士，满族在乡试、会试中享有特殊的优待，只考翻译一篇，称翻译科。之后，虽然改为满族、汉族同试，但参加考试的人仍以汉族居多。科举制发展到清代，日趋没落，弊端也越来越明显。清代统治者对科场舞弊的处分虽然特别严厉，但由于科举制本身的弊病，舞弊愈演愈烈，科举制度最终走向消亡。

科举曾产生了一大批善于治国安邦的名臣、名相和雄才大略的政治家,也培育了众多有杰出贡献的思想家、文学家、艺术家、教育家、科学家、外交家。如唐代的孙伏伽、王维、张九龄、韩愈、柳宗元、刘禹锡、颜真卿、柳公权、白居易;宋代的欧阳修、王安石、苏东坡、司马光、朱熹、包拯、寇准、张九成、张孝祥;明代的杨慎、康海、汤显祖、张居正、海瑞、徐光启;清代的纪晓岚、刘墉、郑板桥、翁同龢、洪钧、钱大昕、林则徐、蔡元培等人都是出自状元、进士和举人之中,都是中华民族的英才。

(资料来源:根据相关资料整理。)

### (四)明清建筑——冻青沟古建筑群

冻青沟位于郧阳区胡家营镇,村落中分布着十几处明清时期的庄园,因都属于一个何氏家族,所以又被统称何氏庄园。村中人家都为何姓后人,村落中所有建筑遗存都是何姓祖辈在创业过程中留下的。

据同治丁卯年(1868年)所修的《何氏宗谱》记载,何氏先祖何东湖、何东海二兄弟于明成化十九年(1483年)由江西瑞昌来到冻青沟居住。何东海与妻子廖氏在此开了饭庄和茶楼,生意兴隆。后来,何东湖迁至陕西经商。何东海则在冻青沟从事耕种、经商,建起了米面加工坊、油坊、皮纸坊,逐渐成为五峰、胡家营一带的名门望族。何氏奉行"耕读传家"的古训,家大业大,人才辈出。时至今日,何氏后人已达1万多人。

村落中现存8处古民居、2处庙宇、1处祠堂、1处影壁、1处寨堡和1条古道,14处遗存皆保存较好,民居建筑至今仍有村民居住。图3-6为冻青沟古建筑。

**图3-6 冻青沟古建筑**

(图片来源:http://www.wuhannews.cn/hubei/1771.html.)

重点建筑遗存有庆畅园、杨泗庙、娘娘庙等。房屋建筑无论民居还是庙宇都为硬山顶、木架结构,房屋中间都有天井。行走于冻青沟古建筑群中,但见青砖黛瓦,雕梁画栋,青石条街,深宅小院,参天古木;高大的门庭以及多个天井院,无不是何氏家族人丁兴旺的见证。建筑群中第一道大院便是玉妃园,虽然现存古宅不多,只剩下玉妃壁照、玉妃古宅等，但居住的痕迹依然清晰可见。

冻青沟的杨泗庙，与瞿塘峡白帝城雕梁画栋的杨泗庙一样，塑像慈眉善目，栩栩如生。冻青沟的杨家寨，寨体用青石砌成，工艺精细，寨墙坚固。寨堡有居住、储存、饮水等功能，易守难攻。站在寨顶，举目远眺，汉水如带，彩云冉冉的美景尽收眼底。唯一的古道遗迹为村落的主动脉，绵延9千米，其北接汉江，南通大回水沟古道，可达鲍峡古镇。13处古建筑依山势而建，分布在古道两侧。

**知识链接**

### 郧阳城墙与郧阳城墙遗址公园

明天顺八年（1464年），知县戴琰筑土修建了在南宋末被元军毁掉的郧县（现郧阳区）城墙。到明成化十二年（1476年）郧阳建藩镇，首任巡抚原杰以砖石修筑并拓展了城墙。使城墙周长达760丈（1丈≈3.33米），高度达1.5丈，留有城门四座，东门为"宣和"，南门为"迎薰"，西门为"平里"，北门为"拱辰"，其中拱辰门后来改称春雪楼。

郧阳城墙在明嘉靖年间（1522—1566年）得到了扩建。嘉靖十三年（1534年），巡抚宋冕在平顶的城墙上增筑了女墙，加强了对外防御功能。嘉靖十五年（1536年），巡抚王学夔以石在城墙西、南、东三面巩固了内基。嘉靖十九年（1540年）巡抚戴珊更补了北面内基。嘉靖二十五年（1546年），巡抚叶照把城墙增高了3尺（1尺≈0.33米）。嘉靖三十六年（1557年）巡抚章焕在城东北向外扩展城墙200余丈，并增加一门——"时雨"，实为郧阳府学宫的前大门。至此，郧阳城墙的总长度为1163丈，合6里（1里＝500米）有余。城墙上有门楼7座，窝铺（供守城军士居住而搭建的营棚）29处，垛头2983个，兵马司13处。7座门楼中，北、东、西三座为瓮城楼（城门外修建有半圆开或方形护门小城），南门为角楼（城角供瞭望和防守用的楼）。嘉靖四十五年（1566年），汉江发大水冲坏了东南处的城墙，巡抚刘秉仁派人修筑。

万历十一年（1583年），汉水再次进攻，冲坏城墙980丈、城楼窝铺11座。巡抚张国彦加强了修复力度，使郧阳城达到固若金汤的程度，屹立为中华巨镇。以后凡有新任巡抚上任，其都要被皇帝敕令修理城墙。他们在巡例所到之处，一边阅视城墙一边讲述防御大略。每年年底，有关官员还要申报城墙的加固情况。

崇祯十六年（1643年）正月起，李自成军把郧阳城围困得密不透风，巡抚徐启元命令关闭了所有城门，带领军民日夜坚守。直到顺治二年（1645年）三月，徐启元认为为避免城内生灵涂炭不可再守，遂率将士归降，清政府仍任命徐启元为郧阳巡抚。在长达两年多的攻守之中，郧阳的城墙遭到了严重损毁，所有城楼都荡然无存。顺治十四年（1657年），巡抚张尚委派郧阳府通判张四维重修郧阳城墙，但只恢复了城墙，而没有修建城楼。

清嘉庆九年（1804年），湖广总督吴熊光命令郧县知县高赐禧带领军民修葺城墙，并重修了南北两座门楼。

1969年丹江口大坝蓄水，郧阳老城被淹，只剩下江北山上的老城一角小西关街。2013年，南水北调中线工程修建汉江堤坝，小西关老城遗址被彻底回填地下。

　　为纪念和再现郧阳古城风貌，也为展示郧阳人为国家南水北调大型水利工程所做的奉献，郧阳区人民政府于2015年在江汉边修建了郧阳古城墙遗址公园。公园占地7万平方米，由城墙史歌、春雪凭江、山陕往昔、望乡广场、新桥水韵等景点构成。公园内草木繁茂，绿地含茵，苍竹吐翠，四季花绽，环境优美，现已成为郧阳人休闲纳凉、登高观景的重要场所。

　　（资料来源：十堰市郧阳区政协学习文史委员会《郧阳地名源流》。）

## 知识链接

### 中国古代城墙大全（节选）

　　西安城墙——陕西省西安市古城墙，是明朝洪武三年到洪武十一年（1370—1378年），在唐代和元代城墙基础上扩建的。平面呈长方形，顶宽12—14米，底宽15—18米，周长约13.7千米。城墙外有宽20米、深10米的护城河。墙面用青砖包砌，厚重坚实，东、西、南、北四面均开设城门。城门上建有城楼、箭楼、闸楼、巍峨凌空，气势宏伟。城楼与箭楼之间有瓮城。城四角各有一座角楼。这是我国现存唯一完整的古代大型城垣。

　　荆州城墙——湖北省荆州市古城墙，据传为三国时关羽守荆州时所筑。原为土城墙，南宋改建为砖墙。现城墙为清顺治三年（1646年）所重建。城墙整体形状呈不规则椭圆形，城墙高约9米，底部宽10米，周长约为11千米，城内东西直径为3.75千米，南北直径为1.2千米，总面积为4.5平方千米。底部为大条石、糯米石灰浆灌缝堆砌而成，城墙、城门、堞垛等现均保存较完好，古色古香，呈游龙之势。

　　阆中城墙——四川省阆中市的阆中古城墙，为明代古城墙，位于古城区南城新巷，长100米，高5.3米，厚4米。阆中是完全按照唐代天文风水理论建造而成的一座城市，被誉为"风水古城"。阆中古城的主要建筑包括古城墙、古城门、古牌楼、古文化街区、古树、古寺庙和其他古遗迹7个方面。阆中市尚存的宋代古城墙只有50米长，城墙顶部和两侧还间或长着草木。阆中古城在战国时为巴国国都，现保存有完好的唐、宋、元、明、清各历史时期的古民居街院、寺院楼阁等，其历史文化居我国五大古城之首。

　　曲阜城墙——山东省曲阜市孔子故里的明故城城墙，始建于1512年至1522年（明嘉靖元年），这是曲阜明故城的南城墙。曲阜明故城是为护卫孔庙而建。"移城卫庙"在世界城市建筑史上极为罕见。

故宫城墙——北京故宫,又名紫禁城,位于北京市中心。紫禁城是中国五个多世纪以来的最高权力中心,它因园林景观和容纳了家具及工艺品的庞大建筑群,拥有殿宇宫室8000余间,而被称为"殿宇之海",成为明清时期中国文明无价的历史见证。故宫的宫殿建筑是中国现存最大、最完整的古建筑群。今天人们称它为故宫,意为过去的皇宫。故宫东西宽约750米,南北长约960米,面积约为72万平方米,为世界之最。故宫的整个建筑被两道坚固的防线围在中间,外围由一条宽52米、深6米的护城河环绕;接着是长约3千米的城墙,墙高约10米,底宽约8米。城墙上开有4门,南有午门,北有神武门,东有东华门,西有西华门。城墙四角,还耸立着4座角楼,角楼有3层屋檐,72个屋脊,玲珑别透,造型别致,为中国古建筑中的杰作。故宫曾居住过24个皇帝,是明清两代的皇宫,现辟为故宫博物院。故宫的整个建筑金碧辉煌,庄严绚丽,被誉为世界五大宫之一(北京故宫、法国凡尔赛宫、英国白金汉宫、美国白宫、俄罗斯克里姆林宫),并被联合国教科文组织列为世界文化遗产。

长城城墙——长城位于中国的北部,它横贯河北、北京、内蒙古、山西、陕西、宁夏、甘肃等省、市、自治区,有"万里长城"之誉。长城是我国古代劳动人民创造的奇迹。自秦代开始,修筑长城一直是一项大工程。春秋战国时期,诸侯各国为了防御别国入侵,修筑烽火台,将城墙连接起来,形成最早的长城。据记载,秦始皇使用了近百万劳动力修筑长城,占当时全国人口的1/20。之后历代君王大都加固增修。在万里长城上有许多关口,这些修建长城的地方多以"关""口"命名。而在张家口的长城处,却以"门"命名,谓之"大境门"。明代在"外边"长城之外,还修筑了"内边"长城和"内三关"长城。"内边"长城以北齐所筑城墙为基础,起自内蒙古与山西交界处的偏关以西,东行经雁门关、平型诸关入河北,然后折向东北,经涞源、房山、昌平,直达居庸关,然后又由北而东,至怀柔的四海关、与"外边"长城相接,以紫荆关为中心,大致成南北走向。"内三关"长城在很多地方和"内边"长城并行,有些地方两城墙仅相隔数十里。

(资料来源:http://www.360doc.com/content/16/1013/20/33008161_598214022.shtml,略有修改。)

(五)郧阳民俗——龙韵村民俗馆

龙韵村致力于打造融农、旅、文、商、学、艺于一体的综合体,它的3条街区建有55栋场馆,已开放有18栋场馆,每年接待大量来自各地的研学学生,以下介绍几个关于郧阳民俗的场馆。

**【研学点1】郧阳龙须草编织馆**

龙须草是郧阳本地的一种非常有特色的经济农作物,它可加工编制成各种工艺品、生活用品、艺术品等,如糖果盘、收纳筒、鞋帽、篮子等。若将草编制品里外刷上漆，便可以防水，用作日常生活的器物。

中国龙须草手工编织艺术品传人李祥梅是该馆的手艺人，在这里，人们不仅可以参观琳琅满目的龙须草手工编织品，还能亲自动手和李老师一起体验龙须草的编制技艺。图 3-7 为村民正在用龙须草编制草制品。

图 3-7　村民正在用龙须草编制草制品

（图片来源：http://syrb.10yan.com/html/%2020190507/46290.html.）

## 【研学点 2】辽瓦陶都艺术馆

辽瓦陶都艺术馆陈列着辽瓦店子发现的大量文物。经多位国内权威专家确认，辽瓦店子遗址可以认定为楚文化的发祥地。最重要的证据就是，在辽瓦店子出土的从西周早期一直到春秋时期的诸多生活器具与在荆州出土的战国楚文物一脉相承，如鬲、盂、罐、豆等陶器。其中，在辽瓦店子出土的鬲，翻口、卷缘、绳纹、尖锥状足，为典型的楚式鬲。此前在荆州出土的战国楚式鬲，完全与其同源同宗。辽瓦店子遗址的重要遗存主要体现在夏、商、西周三个时期。考古发现的夏代和商代遗存量均比较大，而此前只在陕西省境内发现过少量同类遗存。尤其夏代文化遗存保存完好，遗迹、遗物十分丰富，是 1949 年以来长江流域发现的规模较大、出土遗物较多的一处夏代聚落遗址。

辽瓦陶都艺术馆旨在延续和传承辽瓦陶器文化，人们在这里可以亲手体验陶器制作工艺。

## 【研学点 3】剪纸馆

剪纸是用剪刀和刻刀在纸上剪花纹，用于装点生活和配合其他民族活动的民间艺术。它是一种镂空艺术，在视觉上给人以透空的感觉和艺术享受。剪纸的材料易得，成本低廉，效果立见，使用范围比较广泛，既可作为实用物，也可美化生活。现在剪纸更多地是装饰品，它可以贴在墙壁、门窗、镜子和灯笼等各种地方。剪纸自诞生以来从未中断过，流传面广，样式繁多，随处可见。中国广泛的剪纸艺术表现了群众的审美爱好，体现了中华民族对真善美的追求和向往，是中国较具特色的民间手工艺之一。

龙韵村的剪纸馆由传统剪纸爱好者戴正英女士开办,她栩栩如生的剪纸作品深受人们喜爱,其作品多次在国内外获奖。图3-8为剪纸艺人戴正英创作的剪纸作品《敬抗疫英雄》。她的作品内容不拘一格,人物肖像、花草动物、字画物什等无所不有,并且她对十二生肖动物像情有独钟,件件作品有形有韵,备受青睐。其剪纸馆规模也随着参观者和购买者的不断增多而不断扩大。

**图3-8 剪纸艺人戴正英创作的剪纸作品《敬抗疫英雄》**
(图片来源:http://syrb.10yan.com/html/20200411/82368.html.)

在这里,人们可以随戴正英老师一起学习体验传统剪纸技艺,在传承与发扬民间艺术的同时享受剪纸带来的幸福与快乐。

### 【研学点4】木版画艺术馆

我国民间木版画源远流长,自宋至清,全国各地几乎都有。木版画主要制作步骤有拖板、拓纸、装裱。无论绘画、刻工、题材、形式都有很高的水平。木版画根据实际应用的需要,可分为门神、年画、灯画等。讲求"有看头,有说头",墨线简练流畅,刻工精湛,画面富有运动感、节奏感。

郧阳木版画主要以刻制门神为主,门神就是司门守卫之神,是农历新年贴在门上的一种画。人们用它来驱邪避鬼,以求卫家宅、保平安、助功利、降吉祥等。木版画在民间特别受欢迎。图3-9为郧阳思源实验学校师生制作木刻门神年画。

龙韵村木版画艺术馆内有齐备的制画工具,人们可以现场制画,在享受成就感的同时,感受古老的民间艺术文化。

### (六)报纸收藏——郧阳培长报纸博物馆

郧阳培长报纸博物馆是一家民办博物馆,也是湖北省首家报纸博物馆。馆名由人民日报社原社长邵华泽同志题写,于2016年12月16日在郧阳区樱桃沟村创立挂牌。

馆长程培长,是十堰市一名退休干部,自1981年开始收集报纸。该馆采用征集、交换、购买等方式,收藏有关重大事件记录的报纸及资料,目前所集报纸的数量达11万余份。

图 3-9 郧阳思源实验学校学生制作木刻门神年画

(图片来源:http://news.e21.cn/txy_73/xx/zxx/202101/t20210107_137695.shtml.)

展出的报纸可分为重大事件、创刊号、号外、终刊号、宽体报、百版报、海外华文报、趣味报、院校报、企业报、中国字头报等类型。馆藏中,最早的报纸是清乾隆十年(1745年)的《邸报》,距今276年;还有半个多世纪前的《人民日报》《湖北日报》等众多报纸原件。图 3-10 为程培长馆长正在给参观的学生讲解报纸知识。

图 3-10 程培长馆长正在给参观的学生讲解报纸知识

(图片来源:郧阳培长报纸博物馆提供。)

该馆经常开展报展和集报文化体验活动,如青少年集报剪报夏令营、集报剪报知识培训辅导活动,充分发挥其社会教育功能,得到了社会各界的充分肯定,十堰日报社、湖北日报社、光明日报社、人民日报社等各大媒体曾先后予以报道。2013年该馆获得了中国报业协会集报分会授予的"中国集报之家"荣誉称号。

(资料来源:根据 http://baike.so.com/doc/27515681-28923118.html,http://www.10yan.com/2020/1124/687944.shtml 整理。)

## 三、推荐线路

（1）感悟郧阳历史文化之旅：郧阳文化馆—龙韵村民俗馆—郧阳培长报纸博物馆。

（2）认知郧阳古建筑之旅：郧阳城墙遗址公园—大丰仓—郧阳府儒学宫—冻青沟古建筑群。

# 主题四 蓝色科技梦想之旅

## 一、课程简介

研学主题：科技梦想。

研学课程：郧阳汽车工业之旅，香菇产业之旅，袜产业之旅。

研学要义：认知郧阳工业，感知支柱产业。

研学基地：湖北大运汽车有限公司、湖北佳恒科技股份有限公司、郧阳食用菌循环经济产业园、香菇小镇、湖北棉伙棉伴智能纺织科技有限公司。

活动时间：1—2天。

融合科目：品德与生活、品德与社会、科学、综合实践活动等。

## 二、课程资源

### "三新两业"谱新篇

郧阳过去几乎没有工业基础。到中华人民共和国成立，也只有零星的手工作坊，生产桐油、麻油、草纸、土布、镬锄、刀具、铲勺等简单粗糙的生产生活用具。直到20世纪90年代初，郧阳才建成卷烟、酿酒、造纸、制衣、印刷、化工、水泥、化肥、轧钢、标准件、农具农机、粮油食品、水泥制品、绿松石工艺等门类相对齐全的企业工厂，特别是依托东风公司（第二汽车制造厂）建成的十几家汽车配件厂，包括郧阳地区所辖的拨叉厂、改装车，直接加快了本地区工业发展。当时，郧县（现郧阳区）县城周边的茶店、柳陂、谭家湾、杨溪铺、大堰（现城关）5个乡镇机械厂都直接配套东风主机厂，一时红火、风光无两，茶店的神河集团更是整车改装的翘楚。

20世纪90年代中期，国家全面建设社会主义市场经济，郧阳当地汽配工业经济得到长足发展，少量民营、私营企业开始加入工业经济洪流。进入21世纪，伴随国有企业改制，特别是伴随十堰大道的建设开通和十几平方千米的长岭工业经济开发区建设落成，民营企业更是如雨后春笋般涌现。短短几年时间，园区落户大大小小的工业企业近百家，提早实现满园目标。

2018年以来，郧阳区加快推进"商乘并举"汽车发展战略，主攻"专精特新轻"，发展新能源智能制造产业，围绕节能环保，重点支持新材料科技环保产业，围绕医药健康，重点发展新技术食品医药产业，围绕精准扶贫、精准脱贫，重点发展香菇和制袜两大兜底产业，郧阳区现已初步形成百亿级产业集群，"三新两业"产业格局基本实现。

尤其值得一提的是，郧阳区不只停留在生产汽车零部件的配套产业，还拥有4

家整车生产企业——湖北大运汽车有限公司、湖北佳恒科技股份有限公司、湖北神河集团、东风重工(十堰)有限公司。随着科技的发展,郧阳区一些优势汽配工业企业,开始步入转型升级、高质量发展阶段,互联网、信息化、数字化、智能化应用场景争相出现,越来越多工业机器人、机械手走上工艺流水线工位,替代工人,成为厂区车间的新风景。

2016年起,郧阳区按照全产业链、全生态链、全价值链模式,区建扶贫产业园、镇村建扶贫车间、户建扶贫作坊,在谭家湾镇建设食用菌循环经济产业园,成立华中香菇产业研究院,建设研发中心和香菇交易市场,引进上下游企业22家,建成智能化四季出菇工厂,引进棉伙棉伴等袜业上下游企业26家,在全区19个乡镇建设袜业车间14.2万平方米,日产袜子120万双,年产值达20亿元。香菇和袜业成为精准扶贫的兜底产业,百姓致富的支柱产业。

【导语】科技引领未来,创新支撑发展。科技创新是改变生活、实现梦想的重要途径。从改革开放之初无农不稳、无工不富、无商不活的初步认识,到今天红色强基、绿色固本、生态立区、工业强区、产业兴区、文旅特区理念的提出,实体工业始终是郧阳繁荣发展的支柱。你了解郧阳区汽配工业企业的技术水平现状吗?你想知道汽车上这些精致的零部件、生活中的必需品是怎么生产出来的吗?那么,请跟我来,一起探究产品背后的秘密吧!

(一)大运佳恒 郧阳双雄

**1. 湖北大运汽车有限公司**

湖北大运汽车有限公司(以下简称湖北大运)是大运集团旗下的核心企业,该公司于2010年动工建设,2013年建成投产,占地1136亩,总投资20亿元,项目一期工程全面达产后,年产能可达5万辆,产值达百亿元;二期工程满产后,年产能将突破10万辆。公司拥有全系列商用车整车生产资质,产品涵盖轻、中、重型载货汽车以及专用车等600多个品种,规划年产汽车10万台,现已具备年产3万辆汽车的能力,销售网络遍及全国,同时远销中东、亚非、拉美等多个地区。

湖北大运十分注重产品研发工作,以客户需求和科技动态作为研发方向,不断开发出深受客户欢迎的产品,极大地满足了客户的个性化需求。目前公司产品品系分为"风驰""风度""征途""运途""致胜""锐胜""新风景"七大系列,涵盖载货运输车、自卸车和专用车等600多个品种。图4-1为湖北大运生产的"风驰"系列产品。

【研学点1】总装车间

走进公司宽畅的总装车间,呈现在眼前的是一派繁忙景象。总装线全长约270米,80个工位,生产节拍为6分钟(也就是每6分钟下线一台汽车)。该装配线采用行业领先的板式与链式相结合的自动化传输机构,由一条主线和若干分装辅线组成。图4-2为总装车间全貌。目前日单班生产能力已达100台以上,拥有装调工人300余人。

图 4-1　湖北大运生产的"风驰"系列产品

（图片来源：https://www.cn357.com/brand964_1.）

图 4-2　总装车间全貌

（图片来源：http://www.hbdayun.com/BusinessDynamics/info.aspx?itemid=9357.）

从车间北门向南门穿行，边走边看，一台中型车底盘即可同步装配完成。再经过检测车间的各项性能检测，转入改装作业部进行上装，进而完成整车的生产下线，之后再通过试车跑道的模拟路况测试，以及终检车间的整车性能等检验，才能正式进入商品车停车库，由发交中心一站式完成整车销售手续办理和服务。其中的车辆调试环节极其重要，调试人员需要具备丰富的实操经验和驾乘感觉体验，通过对各项参数、指标的调整、试验、检测，以保证车辆的舒适性、动力性、制动等各项性能均达到最佳状态。调试完毕的车辆，还需通过各项高精度检测设备，对制动、灯光、车速、烟度、转角、侧滑、淋雨等各项参数进行严格的性能检测，以确保车辆质量。

## 【研学点2】改装作业部

车间占地面积为48583.38平方米，于2012年12月建成投产，主要承担自卸车、仓栅车等多个车型的上装部分的生产，制造工艺涵盖冲压、焊接、涂装和总装四大工艺。车间拥有两条国内先进的自卸车上装生产线、一条仓栅车上装生产线、两条车厢油漆涂装生产线,拥有国内一流的生产装备共 500 多台(套),其中数控折弯机、剪板机、辊压生产线、进口喷涂机、大型翻转机等工艺装备在国内均处于领先地位。图 4-3 为车间里的工业机器人。改装作业部目前已实现自卸车改装 15000 余台,在国内改装能力已名列前茅。

**图 4-3　车间里的工业机器人**

(图片来源:http://www.nipic.com/show/15611084.html.)

改装作业部小件制作区主要生产自卸车小件,应用辊压生产线实现自卸车上下边梁辊压成型,工艺流程简单、自动化程度高,与传统的剪切、折弯成型工艺相比,功效提高 4 倍以上。

精良的装备、精细的生产、精致的产品、精准的服务都离不开一批精益求精的科技人才队伍。改装作业部现有员工 400 余人,冲压、焊装、涂装、总装等各类工程师、专业技师 80 余人,其中公司技术中心专用车技术部 20 余名工程师专业从事改装作业部的工艺技术研发、设计等工作。这样一批高素质的专业技术人才有力地保障了与总装车间下线的二类底盘车的完美结合,高质量、高性价比的特点为大运汽车进入市场奠定了坚实的基础。

### 知识链接

**湖北大运汽车有限公司的企业文化**

湖北大运汽车有限公司(简称湖北大运)是大运集团"布局南北、挺进全国、走向世界"战略规划的重要组成部分,公司在建设之初就确定了"高定位、高起点、高标准"的指导思想,在工厂设计、工艺设计、产品设计和工装设备选型等方面,瞄准行业一流水平,全力打造现代化的商用车生产企业,建成了总装生产线、专用车生产线、涂装生产线、冲压生产线、检车线、质量检测中心、销售服务中心、国标试车场、综合办公大楼、职工公寓等高水准的生产和生活配套设施。同时,湖北大运通过现代管理理念的导入,不断强化管理、提高效率,生产能力不断提升,质量管理体系快速建立并有效运行,经营规模和经营质量得到快速扩大和升级。

湖北大运始终坚持以"建立具有敦厚理念及价值观的企业文化,成为对社会贡献最有成就的企业"为发展目标,在工艺、质量和服务上追求精益求精、不断创新,已获得各种类专利30多项,并荣获了"国家高新技术企业""湖北省优秀企业(金鹤奖)""湖北省民营企业100强""省级企业技术中心""湖北省工业设计中心""湖北省自卸车工程技术研究中心""2019年度中国汽车制造改装十佳匠心企业""中国(十堰)汽配城成立20周年优秀采购商""湖北省守合同、重信用企业"等多个荣誉称号。面向未来,湖北大运以振兴民族汽车工业为己任,肩负使命,践行责任,立志打造国际知名品牌,实现"驰骋世界、运行天下"的壮志伟业!

(资料来源:湖北大运汽车有限公司官网。)

**2. 湖北佳恒科技股份有限公司**

湖北佳恒科技股份有限公司(以下简称佳恒公司)属于高新技术企业,成立于2001年3月,目前占地300余亩,注册资金为1亿元,固定资产达4.5亿元,拥有高精尖设备800余台(套),全年最高产能可实现工业总产值过10亿元。现拥有前顶式液压油缸年产14万台(套)、中顶式液压油缸年产4万台(套)、工程类液压油缸年产3万台(套)的生产能力,产品广泛应用于高铁、港口、轨道机械装备、矿产开发、路桥建设和城镇基础性建设领域。

公司产品以"液压"为主导,以"创新"为引领,从最初的自卸车中顶式液压缸产品起家,逐步转型延伸至各类工程机械液压缸和液压系统,以及其他高端液压产品、起重举升装备的研发、生产及销售。公司经过20年的耕耘和发展,目前在市场上积累了较好的口碑,拥有了较高的市场占有率,自卸车液压油缸已成为行业内国产第一品牌,随车起重机产品已取得珠三角地区第一的市场占有率。目前国内客户已遍布全国30多个省(区、市),国际市场也逐步覆盖了东南亚、中亚、中东、非洲、南美等地区。公司及其产品多次获得湖北省、十堰市"消费者满意单位""消费者满意商品"等荣誉。2013年,"佳恒"商标被国家工商总局授予"中国驰名商标"荣誉称号。

## 【研学点1】液压缸智能数字化生产车间

图4-4为液压缸智能数字化生产车间。2012年,佳恒公司从德国引进国内首条"全自动化液压油缸缸筒生产线",综合采用数控加工技术、机器人技术、智能控制及调度管理技术,实现从进料到成品全自动控制生产,全线加工一件缸筒仅需7分钟,且只需要2名人员操作,较普通生产线减少了6人,极大地提高了生产效率和加工精度。

2019年初起,佳恒公司又升级改造性能低下的50余台(套)设备,新增6条国内领先的智能化、全自动生产线,对车间的生产线进行重新布局。同时对现有生产

图 4-4　液压缸智能数字化生产车间

(图片来源:http://syiptv.com/article/show/85931.)

工艺进行智能化改造,引入智能生产系统,提高生产工艺过程的智能化程度,形成从订单获取到交付全流程的智能化信息系统,变传统制造为智能制造,带动全产业链高质量发展。本项目完全建成后,可将年产各类液压油缸 7 万余台(套)提升至 10 万台(套)。

车间里还有一条柔性加工自动线,是针对油缸类零件加工情况设计的,自动生产线方案采用机器人辅助机床上下料,完成工件加工。人工只需负责上下料,其余工位由机械手控制。该自动生产线由 4 台自控车床、1 套机器人、机器人行走轨道、2 台自动料库、工件待料台、抽检台等其他附件组成。4 台机床如果 1 台出现问题,可跳过此台检修设备,不影响整线加工。

## 【研学点 2】佳恒产品展示区

这里展示了公司的自卸、工程液压系统代表产品。图 4-5 为佳恒公司产品展示介绍。蓝色的那套自卸车集成式液压系统是专为城市渣土车量身打造的一款新型系统,采用单泵稳定输出,可用于自卸车开门、锁钩等,相比常规渣土车使用的双联泵系统,该系统布局更紧凑、液压传动效率更高,同时"可分流、可合流"更是此系统的一大亮点。

公司生产的混凝土泵车系列油缸产品,已涵盖 22 米到 88 米的所有车型,目前配套客户有福田雷萨、青岛九合、科尼乐重工、慧盟重工等。

"佳恒杜德"牌随车起重机系列油缸是佳恒公司自主创新研发、具有前沿技术的起重产品,现在已为中联重科批量配套 20 吨/25 吨车型的全套油缸,为福田雷萨配套 25 吨车型的全套油缸。

佳恒公司先后研发 80 多项新产品,50 余项新技术,拥有 74 项国家实用新型专利,2 项发明专利,11 项湖北省重大科技成果,6 项软件著作权,技术底蕴逐步增厚。

图 4-5　佳恒公司产品展示介绍

（图片来源：湖北佳恒科技股份有限公司提供。）

> **知识链接**
>
> ### 湖北佳恒科技股份有限公司的智能制造
>
> 　　湖北佳恒科技股份有限公司（以下简称佳恒公司），始终致力于成为中国乃至世界范围内有一定品牌影响力的液压系统和智能起重机制造企业。佳恒公司于 2018 年开始在行业内率先谋划智能制造，目前已建成自卸油缸自动生产线三条，并深化应用 ERP，引入 PDM、APS 及经营分析平台进行企业数字化转型。公司计划改造厂房 45000 平方米，扩建 20000 平方米；新增和改造智能化生产线 50 条及相关辅助设施；在现有高级计划排程 APS、金蝶星空云 ERP、阿米巴经营管理软件 EAS 系统及自动化设备的基础上，扩展建设和应用产品全生命周期管理系统 PLM、数控设备联网 DNC、制造执行系统 MES、供应商协同 SCM、WMS、MES、CRM、智能人事、工业大数据等，并实现系统全集成；同时应用 5G 新技术在工业制造业中的应用，形成以传感器、物联网为通信和信息传输网络，建设具有全制造过程数字化建模与分析、智能化工艺决策、智能化现场运行管控（包括智能排产、柔性自动化生产线、智能检测、智能仓储、智能物流等）、设备智能化与自主管理、资源可视化监测、实时数据采集与分析、精益化生产管理等特征的智能化工厂。项目建设周期为 3 年，投资 3 亿元，项目建成后将新增销售收入 3 亿元。项目全面建成后，佳恒公司将实现智能生产、智能物流、智能质量、智能服务、智能管理的数字化转型目标。
>
> 　　同时，佳恒公司推动产品朝智能化方向发展，公司将在现有发明专利"一种智能安全节能自卸车液压控制系统"的基础上，针对随车起重运输车运行效率不高、作业安全事故易发的问题，研究随车起重运输车起重机专用作业装置间的物联、智能吊装作业、智能诊断和远程运维等关键技术，实现客户找车、车主揽活、车辆调度与管理的运营低成本化和便捷化；实现吊装运输作业的高效

化和安全性；实现车辆维护与保养的主动性和快捷性。项目建设周期为3年，投资1500万元。项目建成后将年新增销售收入5000万元。深入开展产品智能化研究，计划用3年时间打造一套佳恒工业互联网云平台，对内实现精细化、透明化和智能化管理，对外实现与终端用户的互动，实现主动服务与精准营销。

（资料来源：根据相关资料整理。）

### （二）"生态菇"撑起"致富伞"

**1. 郧阳食用菌循环经济产业园**

郧阳食用菌循环经济产业园位于谭家湾镇，是扶贫产业之一的香菇产业配套工程。食用菌产品是绿色健康食品，未来的市场需求量很大。为推动精准扶贫与乡村振兴的有效衔接，郧阳区委、区政府充分利用谭家湾镇民营工业园区闲置废旧厂房进行改造，引进多家香菇生产企业，建成集香菇菌种菌棒生产、香菇深加工、废料回收利用、交通物流、科技研发、市场销售等于一体的国内第一个专项"食用菌循环经济产业园"，形成完备的食用菌产业链条，带动贫困群众依附于产业链而稳定增收。

## 【研学点1】香菇扶贫产业园

香菇扶贫产业园（见图4-6）由十堰市昌欣香菇产业发展有限公司投资建设，占地面积2000余亩，计划投资50亿元，分三期建设。目前，一期工程已完工，建有7000平方米温养菌车间、10000平方米恒温出菇车间、30000平方米双元制扶贫恒温大棚、1000平方米冷链加工车间和5条自动化香菇制棒生产线、1条菌种生产线等，年可生产菌种500万袋、菌棒2500万棒、干制香菇15000吨、食用菌系列食品

**图4-6　香菇扶贫产业园**

（资料来源：https://www.hbyunyang.net/news/waimei/2017-11-29/64950.html.）

9000吨,年产值可达20亿元,外贸出口1.5亿美元,带动1200人就业。

产业园全部建成后可入驻企业50家以上,将成为国内基础设施最完备、环境条件最好、产业链条最长、经济效益最好的食用菌产业园区。香菇产业在成为新兴主导产业的同时,也顺势成为不可多见的现代旅游观光产业,园区内绿筷子、昌欣、昌利、郧康等公司的现代化制种制棒、点菌及养菌车间和智能化出菇车间令人叹为观止,百菇园展示的几十种品类的菌菇更是让人们眼界大开,啧啧称奇。

## 【研学点2】湖北绿筷子菌业科技有限公司

湖北绿筷子菌业科技有限公司是一家工厂化出菇和香菇深加工企业,项目总投资1亿元人民币,可实现年循环出菇300万棒,企业年产值达到1.2亿元,产品出口达1000万美元以上,实现税收超过300万元人民币。

(1)绿筷子智能控制中心。该中心是企业的智能控制中心和技术培训中心。这个中心既可以实现整个厂的智能化控制,又可以组织员工培训,对外进行技术培训、产品展示和客户接待等。

(2)绿筷子香菇食品加工车间。这个车间主要是把企业生产和收购的鲜香菇进行深加工,目前主打的产品有两款:香菇辣条和香菇即食产品。主要工艺流程是将香菇磨成粉状或切片,再加工成香菇产品,年产量可以达到300余吨,产品主要销往非洲市场。图4-7为香菇食品——香菇辣条。

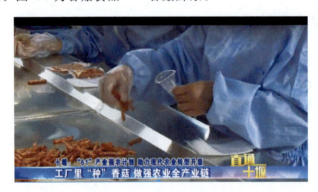

图4-7 香菇食品——香菇辣条

(图片来源:https://k.sina.com.cn/article_5637065453_v14ffecaed01900wke9.html,视频第4分57秒。)

(3)绿筷子工厂化出菇车间。随着城镇化发展,农村人口日益减少,工厂化生产香菇将是今后香菇产业发展大趋势。这种模式可以有效破解传统季节性种植香菇产量小等问题,大幅度提高香菇种植的质量和效益。这里共有4个出菇车间,76个出菇房,面积1万平方米,年循环出菇可达300万棒。这里的所有出菇车间均采用智能化管理,棚内温度、湿度都是智能控制的,企业实现了周年化、智能化和立体化出菇,年出菇量可以达到3000吨。

(4)绿筷子自动化养菌车间。香菇生产过程中的养菌环节是非常重要的,菌棒生产期只有3—5天,但养菌时间一般都在100天左右。受自然条件限制,稍有不慎,菌棒在养菌过程就会产生高温烧菌、杂菌感染等问题,目前农民自主生产平均成活率在75％以内。同时,农民受场地限制,人均养护菌棒数量少,劳动强度大。绿筷子自动化养菌车间,有效解决了这些问题,实现了菌棒养菌成活率100％。这个车间共有16个养菌库房,每一个库房的养菌量可达7万棒,年循环养菌量可达400万棒。图4-8为养菌车间。

图4-8　养菌车间

(图片来源:https://epaper.hubeidaily.net/pc/content/202009/09/content_52358.html.)

这里的养菌车间实现了空气质量、温度控制、转色把控等方面的自动化控制,并实现了机械化和自动化上棒模式,大幅度节省了人工成本,降低了工人的劳动强度。

## 【研学点3】湖北昌利菌业开发有限公司

湖北昌利菌业开发有限公司是郧阳区国有企业十堰市昌欣香菇产业发展有限公司旗下的全资子公司,主要从事食用菌菌种和菌棒生产,年生产菌种500万袋,生产菌棒3500万棒,并可实现年均出口菌棒300万棒。公司的核心技术在18号菌棒生产车间,让我们一起走过参观通道,看看这个菌棒生产车间(见图4-9)是如何

图4-9　菌棒生产车间

(图片来源:https://www.hbyunyang.net/e/extend/mobile/page.php?classid=72&id=4445.)

实现技术突破,帮助菇农实现了"降成本、提质效、稳增收"的目标。

(1)菌种的生产实现了突破。这里建成了目前国内最先进的、省内唯一的液体菌种生产线。过去菌种生产是从一级种到原种再到生产种,实行三级生产,成本高且价格高。现在的液体菌种生产就是把一级菌种直接通过液体发酵罐,培育菌种液体原种,通过注射的形式直接生产菌种,大幅度降低人工和成本。这样不仅能生产出适合当地发展的优质菌种,而且通过液体菌种可大幅度降低菌种30%以上的生产成本,另外还能满足整个十堰地区对优质菌种的需求。

(2)菌棒生产方式实现了突破。过去的菌棒在生产完成后,都是交给农民进行接种、养菌工作。由于生产条件、生产环境的限制和农民技术掌握程度不同,生产过程中造成的农民劳动强度大、成活率低等问题始终困扰着菇农,但这里工厂化制棒、接种、养菌就彻底解决了这一问题,不仅降低了农民的劳动强度和生产成本,而且将成活率提高到了100%。

(3)农民种植方式和收益实现了突破。过去菌棒在菇农大棚中需要100天左右的养菌时间,周期长导致菇农一年只能进行一个周期的菌棒生产,收入不理想。通过技术改造和工厂化养菌,这个问题得到了解决,农民在现有棚架等基础设施不变的情况下,实现了一年两次及以上的上棒出菇,从而实现了收入倍增。

## 【研学点4】华中香菇产业研究院(菌种研究室)

十堰市的香菇产业在规模上有较大优势,但在原料替代、优质菌种研发、现代化设备利用、产品精深加工等方面亟待探究和改进,加强科技创新是保障该产业进一步做大做强的基本支撑。在中国食用菌协会、中国农科院、华中农业大学等单位的支持下,华中香菇产业研究院落户郧阳食用菌循环经济产业园。图4-10为华中香菇产业研究院成立。

图4-10 华中香菇产业研究院成立

(图片来源:https://new.qq.com/omn/20200630/20200630A0RSLR00.html.)

该研究院聘请了中国食用菌协会副会长、湖北省食用菌协会会长、华中农业大学植物科技学院教授边银丙担任院长,聘请了中科院院士李玉、中国农科院张金霞等知名院士、专家担任指导和研究员,瞄准未来的香菇产业科技制高点,为十堰、湖北乃至全国食用菌产业提供科技支撑,为郧阳打造百亿香菇产业集群提供智力支撑。

2020年12月12日该研究院又被中国农科院、中国食品土畜进出口商会食用菌分会分别授予"国家食用菌改良中心香菇菌种良繁基地""国家食用菌育种创新基地郧阳示范基地""中国食品土畜进出口商会香菇产业内外贸易一体化郧阳创新示范基地"三块金字招牌。

### 【研学点5】郧阳农产品供应链中心(湖北五小电子商务有限公司)

湖北五小电子商务有限公司(以下简称五小电商公司)是十堰市昌欣香菇产业发展有限公司的控股子公司,是服务郧阳农产品集中采购和跨区域配送的集配中心,是本地优质农产品出村进城的枢纽。该中心建设面积为3000平方米,中心预冷、低温、分拣加工、冷藏运输等冷链设施设备齐全,电子商务物流仓储功能完善,具备网销农产品、订单处理、品控分拣、打包配送、统配统送等功能,着力推进区域农产品电商化、标准化、信息化。

五小电商公司坚持以立足小环境,打造大生态;立足小品种,发展大产业;立足小规模,拓展大市场;立足小渠道,实现大流通;立足小众化,彰显大情怀为使命。该公司致力于搭建电商平台,拓展销售渠道,打造区域品牌,助推区域农产品上行。公司在2020年新冠肺炎疫情期间通过线上配送、生活物资采购、直播带货、消费扶贫等多种方式销售郧阳农产品,销售额达6757.96万元。

### 【研学点6】湖北郧康食品有限公司(香菇产品深加工)

湖北郧康食品有限公司是十堰市昌欣香菇产业发展有限公司旗下的全资子公司,成立于2019年12月,注册资金为1000万元。该公司主要从事食用菌收购、加工、销售及国内外市场开拓等业务。

公司已建成食用菌加工生产流水线5条,日产干制香菇6吨,食用菌系列即食食品3吨。公司产品主要以"三生郧阳"系列品牌为主,有精制干香菇、香菇脆、香菇酱、黑木耳等。产品畅销北京、上海、河南、浙江、福建等全国市场,并与亚洲其他国家以及欧美国家等海外客商建立了合作关系,深受客户好评。图4-11为郧康食品展示。

公司的成立,对推进郧阳区主导产业发展,促进农村经济繁荣,增加出口创汇能力,实现脱贫致富和乡村振兴起着重要的推动作用。在产业发展中,该公司利用国有企业雄厚的资金优势,通过自身强大的食用菌产品加工能力和国内、国际两大消费市场,对郧阳区农户种植的食用菌产品和广大菇农种植起到兜底保障作用,在市场旺季以市场销售为主,在市场淡季以市场保护价收购的形式,充分体现扶贫担当,带动全区1万余户3万余人通过食用菌产业实现脱贫增收。

图 4-11　郧康食品展示

（图片来源：http://www.xinhuanet.com//local/2017-04/27/29636481555177964738_11n.jpg.）

**2. 香菇小镇**

郧阳区委、区政府在精准扶贫、脱贫攻坚中巧妙合理利用脱贫攻坚易迁扶贫、产业扶贫政策，选择产业链条完整、市场前景广阔、群众愿意接受、增收稳定可靠的香菇产业作为脱贫主导产业、易迁安置配套产业、乡村振兴支柱产业，采取"龙头企业＋扶贫车间＋村级合作社＋农户"模式，走出了一条全新的扶贫之路，成为全省乃至全国的产业扶贫典型。

## 【研学点 1】香菇小镇入口处（导览介绍）

郧阳区地处秦岭巴山余脉，汉江上游下段，属亚热带季风性湿润气候，年均降水量为 824 毫米，年均气温为 13—16 ℃，气候温和、空气湿润、雨量充沛，郧阳还是南水北调工程核心水源区，周围无工业大气环境污染，空气质量和水质均达到国家二级标准，是食用菌生长的"黄金宝地"。2018 年 12 月 12 日，国家食用菌协会授予郧阳香菇一块金字招牌"中国好香菇"。

另外，郧阳区林业资源丰富，全区森林面积为 187 万亩，森林覆盖率达 60％，其中可制作菌棒的栎木面积为 46 万亩，蓄积量为 138 万立方米，具备可持续发展香菇产业的条件。因此，2017 年，郧阳区委、区政府选择发展香菇产业。

## 【研学点 2】香菇采摘体验园（香菇采摘及灵芝菌棒）

该体验园可方便大家近距离观察食用菌的生长过程、亲身感受香菇采摘工艺，园内种植有香菇和灵芝两个品种。图 4-12 为香菇采摘体验。

香菇因营养丰富味道鲜美，既可食用又可药用，是当前全球产销量最大的食用菌品种。

灵芝，又被称为"人间仙草"，它具有很高的观赏价值和药用价值。大家可以看到，一部分菌棒表面覆盖有一层咖啡色的粉末，是灵芝成熟后从菌盖表面释放出来

图 4-12　香菇采摘体验

(图片来源:http://www.fj.xinhuanet.com/yuanchuang/2020-10/05/c_1126575933.htm.)

的灵芝种子,这些粉末经过特殊技术破壁后就成为灵芝孢子粉。灵芝孢子粉中含有 150 余种营养成分,具有健脾养胃、滋养肝肾、清肺润肺的作用。

## 【研学点 3】郧阳扶贫产品体验馆(香菇及其他农产品展示)

该场馆专门展示郧阳区扶贫产业的相关产品,展厅共分为 3 个区域:靠内侧是一个多媒体功能的会议厅,用于香菇技术交流、培训及宣教、推介。靠左侧是丰富的农特产品体验馆(见图 4-13),这里展示有优质的干花菇、香菇酱、香菇脆、木瓜醋、土鸡蛋、红薯干等,尤其是采用台湾地区的技术加工而成的香菇脆系列休闲食品,能够完好地保存原有色泽和风味,目前在欧美等地非常畅销。这些都是郧阳区扶贫企业生产出来的优质产品,它们既丰富了人们的生活,发展了当地经济,也带动了郧阳区农民的脱贫致富。靠右侧一角是休闲简餐厅,供游客休闲小憩及品尝、体验食用菌系列生活简餐,研学学生还可以利用食用菌食材自己动手制作饮品或简餐。

## 【研学点 4】观景平台(扶贫搬迁安置区和香菇大棚)

香菇小镇是目前国内最大的集中连片食用菌种植基地,它不仅是国内产业扶贫的典范,也是集有机生态示范、观光采摘旅游、高效生态科技于一体的示范园。

观景台上,放眼望去,全省规模较大的易地扶贫搬迁安置区尽收眼底(见图 4-14)。为了使易地搬迁户搬得出、稳得住、能致富,2017 年郧阳区委、区政府经过反复论证,决定规划建设香菇小镇,发展香菇产业,带动 300 户贫困户从事香菇种植,当年便实现了产值 1200 万元,户均增收超过 1 万元,取得了较好成效。于是郧

**图 4-13 郧阳扶贫产品体验馆**

(图片来源:http://baijiahao.baidu.com/s?id=1676243673515997778&wfr=spider&for=pc.)

阳区委、区政府在 2018 年开始全区大面积发展香菇产业,种植面积扩大到 1200 亩,香菇产业发展成为郧阳区的重点扶贫产业。

**图 4-14 观景平台(扶贫搬迁安置区和香菇大棚)**

(图片来源:http://hb.china.com.cn/2020-09/09/content_41287145.htm.)

在香菇小镇,漫山遍野都是香菇大棚。其中一体化大棚 527 个,香菇种植小棚 1456 个,活动板房 670 套,安装香菇烘烤箱 670 个,入住菇农 700 余户,认领菌棒 400 万棒左右,可实现销售额 4000 余万元。截至 2020 年,香菇小镇已带动 700 余户农民通过种植香菇实现就业增收,户均增收 2 万—3 万元。

## 【研学点5】工厂化出菇车间(工厂化多品种香菇)

工厂化出菇车间由十堰市昌欣香菇产业发展有限公司投资建设,车间内的温度、湿度等指标完全实行动态调节和智能控制,破解了香菇种植"靠天吃饭"的难题,实现了智能化、周年化生产。

这里生产、展示的出菇品种有香菇、榆黄蘑、猴头菇、银耳、灵芝、红平菇、杏鲍菇、姬菇等，这些菌类都是当前市场上畅销的优质菌类。图 4-15 所示为待采摘的灵芝。

图 4-15　待采摘的灵芝

（图片来源：http://baijiahao.baidu.com/s?id=1676251770558663808.）

通过这个平台，菇农可以集中学习食用菌种植的新技术、新模式，实现多样化、立体化和规模化的种植增收。同时，游客可以一睹各类食用菌生长与生产的状态，体验亲手采摘的乐趣。

### 知识链接

#### 郧阳香菇产业的发展历程

2017 年，郧阳区在杨溪铺镇刘湾村的易地扶贫搬迁安置区，配套规划建设 1200 亩香菇种植连片基地，开启香菇产业扶贫战略，当年试点种植香菇 96 万棒，带动 300 户易迁贫困户脱贫，为全面发展香菇产业积累了成功经验。

2018 年，郧阳区建成中国香菇扶贫产业园，即全国最大的香菇连片种植基地和示范基地，安置 700 余户贫困户从事食用菌产业脱贫，在全区 19 个乡镇建设 25 个香菇制棒车间，建设各类菇棚 4.9 万个，生产香菇 3500 万袋，受惠农户涉及 341 个行政村，约 1 万农户依靠种植香菇实现脱贫。

2019 年郧阳区再配套建设冻库 85 个，为鲜菇产品购销提供有利条件，种植香菇 4000 余万棒，每棒成本 4.5 元，收益 10.2 元，年产值 4 亿多元，直接带动原材料供应、精深加工、线上线下营销、物流运输等行业发展，1 万多贫困户户均增收 2 万元以上。

2020 年，郧阳区又建设了国内自动化程度最强、日产能最高的制棒工厂，实现了制棒、灭菌、接种的全自动化流水线，招商引入香菇龙头企业，建设标准化、现代化养菌、出菇车间，实现温度、湿度、氧气含量动态调节和智能控制，破解了香菇种植"靠天吃饭"的难题，实现了智能化周年化生产，全年计划种植香菇 5000 万棒，进一步"降成本、提质效、抓创新"，从而持续推动香菇产业发挥扶贫助农作用。

（资料来源：根据相关资料整理。）

## (三)"小袜子"大市场——湖北棉伙棉伴智能纺织科技有限公司

湖北棉伙棉伴智能纺织科技有限公司是一家集研发、生产、销售、服务于一体的大型袜子生产企业。公司技术力量雄厚,工艺设备先进,拥有产品研发中心和检测中心。

### 【研学点1】公司入口处(导览介绍)

该公司注册资本1亿元整,占地面积约45000平方米。投入先进的智能电脑数控袜机1500多台,年生产总值可达6亿元。公司主要生产各种儿童、男女高档休闲袜、运动袜。产品远销美国、英国、日本、韩国、德国、法国、意大利、俄罗斯等地。公司秉承"忠诚敬业、科技创新、生产名品、奉献社会"的企业精神,积极实施品牌战略,正逐步将针织袜业打造成十堰市郧阳区的特色产业、支柱产业,让"小袜子"创出大市场,走向全世界。

### 【研学点2】三楼生产车间(袜子智能化生产流程)

在日常生活中,可能很少有人关注脚上的袜子,其实小小的袜子也有许多学问。袜子按原料可以分为棉线袜、毛袜、丝袜和各类化纤袜等,按造型可以分为长筒袜、中筒袜、短筒袜等,还有平口、罗口,有跟、无跟以及提花、织花等多种式样和品种。这些各种各样的袜子是如何生产出来的?让我们走进湖北棉伙棉伴智能纺织科技有限公司,了解袜子背后的故事。

以花色棉线袜为例,一只袜子从原料到成品的基本流程:绞装原料→煮练→丝光→染色→络纱→织罗口→织袜→缝头→检验→定型→包装→成品出厂。其中较重要的是织袜、缝头、定型三个环节。

传统的工艺是在单针筒袜机上织袜,袜口在罗纹机上完成,然后将袜口经套刺盘转移到袜机针筒上,再编织袜筒、袜跟、袜脚、加固圈、袜头、握持横列等部段。下机后只是一只袜头敞开的袜坯,之后还要经缝头机缝合而成袜子。因此,织成一只袜子需要三种机器。

湖北棉伙棉伴智能纺织科技有限公司的生产车间(见图4-16)采用国内先进的二步成形工艺,使织袜口、织袜两道工序可在一台袜机上连续完成,织成一只袜子只需要两种机器即可。先进的智能电脑数控袜机的使用,使一名挡车工可同时照看15台织机,大幅度提升了袜子的产量,并且节省了人工成本。

### 【研学点3】二楼定型车间(袜子定型、包装等流程)

从生产车间出来的袜子呈一个直筒,还要经过定型工序才是我们平时所见到的成品袜子。湖北棉伙棉伴智能纺织科技有限公司采用了环保、节能、安全、高效的自动(人工)定型机,它将生产出的袜子套在各式的袜板上,经过袜子定型机的蒸

主题四　蓝色科技梦想之旅

图 4-16　生产车间

（图片来源：http://hb.people.com.cn/n2/2020/0411/c192237-33941828-7.html.）

汽压力定型、烘干处理后，使袜子随袜板的样式定型，同时使袜子更具有弹性和柔软性，兼具了美观和舒适性，提高了生产力，节省了人工成本，提升了市场竞争力。图4-17为工人正在进行袜子定型工序。

图 4-17　工人正在进行袜子定型工序

（图片来源：http://hb.people.com.cn/n2/2020/0411/c192237-33941828-4.html.）

## 知识链接

### "脱贫攻坚"中诞生的全新产业

2017年以来，郧阳区以脱贫攻坚总揽经济社会发展全局，主动承接东部地区产业转移，选择产业链条完整、群众能够接受、增收稳定可靠、订单充足饱满、具有国际定价权的袜业作为脱贫攻坚的兜底产业，创造性开展"袜业扶贫"，逐步形成了"区有扶贫产业园、乡（镇）有扶贫工厂、村有扶贫车间、户有扶贫作坊"的袜业全产业链扶贫格局，闯出了一条独具特色的产业扶贫新道路。

基于袜业产业链条长、环节多、益贫性好的特征，郧阳区一开始就不只是进行袜业生产的简单代加工，而是根据袜业产业发展实际，引进袜机制造、纺纱、橡筋、包装、印刷等相关生产企业，布局集研发、检测、电商、零部件销售、维修、物流、仓储、展示等一体化的袜业服务中心，不断拉长扶贫产业链条，着力将郧阳打造成为中部地区袜业重镇。

郧阳结合本区地理条件、贫困村分布以及贫困人口中弱劳动力、半劳动力居多的实际情况，将扶贫产业园区建在城区、将袜业工厂建到乡镇，将生产线由厂房延伸至各村扶贫车间乃至贫困户扶贫作坊，积极引导袜业龙头企业向园区集中、袜业工厂向乡镇集中、袜业车间向贫困村集中、扶贫作坊向贫困户集中，形成"产业园＋扶贫工厂＋扶贫车间＋扶贫作坊"的袜业扶贫全产业链布局。目前，全区袜业已形成较为完整的产业链条，直接带动2600余人在袜业企业务工，后道工序及配套产业间接带动7500余名群众在家门口就业。围绕后道工序，郧阳区组织爱心企业、村合作社、返乡农民工、贫困群众等建设后道加工小作坊，多数小作坊日加工量达3万双以上。

　　郧阳区把"东袜西移"放在脱贫攻坚全局之下，无中生有，植入一个全新产业。它从无到有、从小到大，助力贫困户脱贫增收，助推区域工业化、城镇化进程，目前迈出了成功的一大步。郧阳区袜业扶贫的经验及成效经各大媒体的报道，引起了前后两任湖北省委书记的重视，2019年被国务院扶贫办（现国家乡村振兴局）确定为全国十大脱贫攻坚典型案例之一，也创造性地打造了经由产业转移实现脱贫攻坚任务的典型样本。

　　（资料来源：根据相关资料整理。）

## 三、推荐线路

（1）汽车产业研学之旅：湖北大运汽车有限公司—湖北佳恒科技股份有限公司。

（2）香菇产业研学之旅：郧阳食用菌循环经济产业园—香菇小镇。

（3）袜产业研学之旅：湖北棉伙棉伴智能纺织科技有限公司。

# 初中：探"三源"之神奇

# 主题五 清洁水源地之旅

## 一、课程简介

研学主题：探水源。

研学课程：南水北调核心水源，探访移民村落。

研学要义：南水北调工程及其意义，水源地的使命担当，移民奉献精神，生态环境保护。

研学基地：中华水园、汉江绿谷、子胥湖·龙舟广场、神定河、茶店镇污水处理厂、卧龙岗社区、黎家店村。

活动时间：1—2天。

融合科目：道德与法治、地理、生物、综合实践活动、地方课程、校本课程等。

## 二、课程资源

### 国家清洁水源地　健康生态滨江城

汉江又叫汉水、汉江河，流经陕西、湖北两省，全长1577千米，是长江最大的支流，历史上曾与长江、淮河、黄河并列，并称江河淮汉。千百年来，源远流长的汉江，孕育了无数的生命，哺育着千万儿女，是当代中国南水北调中线工程的核心水源。

1952年，毛泽东主席初步提出南水北调设想，他说："南方水多，北方水少，如有可能，借点水来也是可以的。"1958年丹江口水库动工修建，从那时起，为了支持南水北调中线工程建设，郧阳先后经历了两次淹没、两次搬迁、三次移城。1968年7月丹江口大坝建成蓄水，多年来搬迁移民累计达18万人，关停并迁企业45家。舍小家顾大家，搬新家为国家，开明开放、向善向上的郧阳人民为南水北调中线工程做出了极大的牺牲和奉献！

郧阳儿女在汉江的滋养下拥有大爱担当，为了确保"一江清水永续北送"，郧阳人民爱水、护水、节水、爱绿、护绿、增绿，守住山头、管住斧头、护好源头，不让一滴污水流进汉江。

烟波浩渺，波澜不惊，碧水蓝天，美如琼浆……无数的溢美之词用在汉江身上都不为过。青山如画，碧水滔滔，近年来，郧阳围绕"国家级清洁水源地、生态型健康滨江城"目标，抓住南水北调移民搬迁的机遇，高标准打造移民新村，建设美丽家园，铁腕治污，神定河消除劣Ⅴ类水质，汉江沿岸兴建起了中华水园、汉江绿谷、子胥湖等网红打卡地。

走进清洁水源地，身临其境地感受汉江的灵秀与柔美，感怀郧阳人爱水、治水、惜水、护水的责任与担当，感悟郧阳人为南水北调中线工程的奉献和家国情怀，你一定会"畅饮汉江水，感恩郧阳人"。

【导语】"一江清水润九州，传世撼作载史册。"南水北调世纪工程，汉水北上举世瞩目。汉江全长为1577千米，郧阳境内长136千米。丹江口水库库面1050平方千米，郧阳占46％，库容300亿立方米，郧阳境内汇水量占70％，"一库丹江水，大头在郧阳"。你知道郧阳为什么被称为"调水源头"吗？你知道为了南水北调中线工程郧阳有多少人搬迁吗？你读过梅洁的《移民三部曲》吗？你知道郧阳是如何确保"一江清水永续北送"的吗？让我们走进郧阳，走进移民新村，走近可爱可敬、向善向上的郧阳人。

（一）南水北调主题公园——中华水园

中华水园是融生态修复与市民休闲相结合、植被保护和景观建设为一体的亲水、护水、观水综合性休闲娱乐生态公园。其位于十堰高新区天马大道以北、郧阳汉江大桥以东的临江区域，占地面积为3687亩，总投资约7亿元。

该项目自2015年3月动工建设以来，目前已建成自东向西的汉水公园、水利文化社区公园、汉石公园、解放军青年林主题公园、水文化创意公园、湿地公园6个主题公园，景观绿化、游步道、路灯等基础设施基本实现覆盖。2020年交由郧阳区城投公司负责管理运营，基本定位为"魅力郧阳文旅门户、山水十堰城市阳台、南水北调主题公园"，打造集科普研学、休闲娱乐、商务度假于一体的滨水园林型休闲旅游目的地，成为十堰市"秀水"的亮丽名片。该项目对于南水北调工程的生态修复和水土保持的生态效益十分显著，对于美化环境、增加城市公共休闲空间的社会效益日益凸显。

中华水园现每年接待游客达40万人次，已成为广大市民城郊休憩、亲子休闲、亲水观水的首选目的地和网红打卡地。

## 【研学点1】解放军青年林主题公园

解放军青年林主题公园占地160亩，是中华水园六大主题公园之一，也是中华水园项目一期建成的三大主题公园之一。

解放军青年林（见图5-1）最早是由中国人民解放军和武警部队青年官兵参与保护母亲河行动捐款支持建设的项目。2015年3月郧阳区委、区政府在原有项目的基础上，以"生长之源"为主题，以"优生态、保水质、惠民生、促转型"为方向，规划建设了综合管理区、纪念活动区、运动休闲区3个功能区，并升级建设了绿地、园林、滨江观景台、自行车道等，融入纪念公园、自然生态、低碳环保、人工造林、森林野趣、运动健身等主题元素。解放军青年林主题公园是一个集文化纪念、休闲娱乐、生态保护于一体的综合性生态公园，目前园区植被覆盖率已达90％以上，是郧阳区修复生态、涵养水源、确保"一江清水永续北送"的典型项目。

园内新建国旗广场，融入国旗、国歌、国徽、人民军队发展历程、五四精神、青年志愿者服务等爱国主义教育元素，现已成为爱国主义教育活动的重要场所。

**图 5-1　解放军青年林**

（图片来源：https://bbs.10yan.com/thread-4107306-1-24.html.）

## 【研学点 2】同心广场

同心广场位于中华水园项目的核心区，占地面积为 4600 平方米，其他公共设施及绿地面积达 31000 平方米。

该广场以自然生态景观为依托，遵循因地制宜、自然和谐、美观大方、寓教于乐的基本原则，将"绘就最大同心圆"的统战思想元素巧妙嵌入生态休闲旅游场所和公共设施之中，使游客在休闲观光旅游中润物无声、潜移默化地受到教育熏陶。

在同心广场（见图 5-2）中央椭圆形草坪绿地中心区，浇筑钢筋混凝土基座，放置了一块长 2.5 米、高 1.7 米、厚 1.5 米、重量达 28 吨的巨型堵河卧石，正面用红色楷体书写雕刻"同心广场"四个大字。

**图 5-2　同心广场**

（图片来源：http://hb.cri.cn/n/20200721/b97ea6ce-1b1a-c93b-8255-d3d7b5f0e1b5.html.）

在广场宽阔的临江地带，采用花岗岩雕塑、镀锌板烤漆钢构工艺设置安装的以"凝聚人心，汇聚力量"为主要内容、红心镶嵌党徽图案的艺术景观小品，充分体现了党的统战工作的职责使命和核心要义。

在广场右侧低植花卉空阔地带，镶嵌安装有银白色立体箱式宣传标语——团结、联合、凝聚、包容。

在广场左侧斜坡桂花树林中，分别悬挂有社会各界人士的同心桂花树认养标识牌，引导广大游客增强生态文明理念，积极参与爱绿、植绿、护绿的服务社会实践活动,为建设美丽郧阳贡献力量。

（二）南水北调中线工程核心水源地

**1. 汉江绿谷**

汉江绿谷位于郧阳区安阳镇青龙村,是南水北调中线工程核心水源地的重要节点,它三面环山,面朝汉江,植被茂密,花香鸟语。

当年因修建南水北调工程,安阳镇原来的许多居民搬迁至他乡,这里便留下了大片荒地,为了绿化荒山、涵养水土、确保清水北上,当地一名企业家投资建设了汉江绿谷生态农业项目,目前已建成一个集生态、生产、宜居、休闲、教育、康乐于一体的国家3A级旅游景区。

该景区由4个半岛组成,陆地面积为11000亩,水域面积近40000亩。这里有军事科普教育区、自然生态园区、现代农业园区、生态环境科普区等,还开发有自然环境类、水土保持类、生物类、国防教育类、天文类、体验类、环水有机农业类、亲子体验类等多个主题的研学课程。

【研学点1】河畔草甸区

站在河畔草甸（见图5-3）,能一眼看到满满的一江清水,碧波荡漾。河畔草甸与花海相接,马鞭草、蜀葵、金鱼草、波斯菊、虞美人……花团锦簇、姹紫嫣红。走进河畔草甸深处,仿佛投入了汉江的拥抱、大自然的怀抱。

头顶蓝天,脚踏绿茵,以天地为被、日月为榻,迎着清风和暖阳,伴着花香和虫鸣,人们在享受大自然的同时,体会着移民奉献精神,倍加珍惜现在优美的生态环境和美好生活。

图5-3　河畔草甸

(图片来源:https://bbs.10yan.com/thread-4273154-1-1.html。)

## 【研学点 2】动物天堂区

汉江绿谷不仅有花海草甸,还是各类野生动物天然的栖息地(见图 5-4)。这里鸟语花香,是万物生灵的乐园,生物多样性极为丰富,黑喉岩鹨、黄鸟、喜鹊、石鸡、黄嘴山鸦、大太平鸟等动物都在这里栖息和繁衍。

图 5-4  动物天堂

(图片来源:http://travel.qunar.com/p-oi9529283-hanjianglu;gu.)

汉江绿谷位于丹江口库区,一湖清水环绕景区,时常有一群群白鹭翩飞落于湖面,给绿谷增添了灵动之美。湖里还有翘嘴白、红尾鱼、沙丁鱼、青虾等多种野生鱼虾。

在这碧水蓝天之下,人与动物和谐相处,人们可以亲近自然、认知动物,尽情享受大自然的甜美和芬芳。

## 【研学点 3】军事科普区

军事科普区(见图 5-5)设有国防和军队知识教育、军事文化传播及轻武器展示、飞机展示、坦克展示、火炮展示等一批军事互动项目。园区内展示有高射炮、坦克、飞机等重型装备模型展品 30 余门(辆、架),各种弹药、轻型军事装备模型 10 余件,歼 15 战机、歼 20 战机、无人机、T69 中型坦克、T99 主战坦克、东风 11 导弹发射车、中国火箭、航空母舰等高仿真的新一代武器模型。这里是开展国防教育、军训、素质拓展等项目的首选目的地。

### 2. 子胥湖·龙舟广场

子胥湖·龙舟广场(见图 5-6)位于郧阳区城关镇红桥村沿江区域,属于子胥湖滨江公园项目之一,为当地承办两年一届的龙舟比赛而规划设计,配套建设有运动公园、水上观景码头、拜水广场、滨江公园、自行车运动专用观景骑行道等系列景观设施。

图 5-5　军事科普区

(图片来源:郧阳区青少年活动中心。)

子胥湖·龙舟广场枕山临水,悠悠江水将田园与青山隔在两岸,是观水、赏景的绝妙之地。此岸是耕耘的梦境,彼岸是亘古的苍翠。迎风而立,望天上云卷云舒;游目骋怀,看山水相依相偎。守望一江清水蜿蜒北上,意义重大,使命光荣。

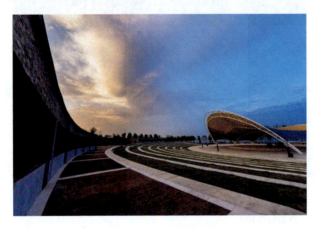

图 5-6　龙舟广场

(图片来源:http://bbs.dongfeng.net/forum.php?mod=viewthread&tid=1592828。)

### 3. 神定河

神定河是汉江支流之一,发源于十堰市鸡笼山,全长为 53.3 千米,流域面积达 270 平方千米。该河从王家湾流出,经过江湾、赵家咀、李家凹、黄家、江家河、王家河、马沟,最后汇入汉江。该河因特殊的地理位置,多由山溪汇集,过去容易出现山洪暴发、河水猛涨的问题,昔日百姓只能向神祈祷以求安定,故名神定河。

神定河因全长约合 120 里(1 里=0.5 千米),故十堰市区夏家店以上河段名百二河,是连接汉江的一个重要的必经河流。

神定河流域广阔,它连接十堰市至郧阳经济开发区,接纳了十堰城区部分的生活污水和工业废水,2012 年以前河水黑臭难闻,为劣Ⅴ类水质。南水北调中线工程竣工后,为确保清水北送,十堰市政府对神定河进行全面污水治理,神定河消除劣

Ⅴ类水质,河水清澈见底、碧水悠悠,河岸环境也大为改善,已成为市民休闲旅游的好去处(见图5-7)。

图 5-7　神定河

(图片来源:http://m.0719house.com/news_more.jsp? newsId=522100.)

**4. 茶店镇污水处理厂**

郧阳区茶店镇污水处理厂位于茶店镇敖家洼,服务范围为茶店镇区域,设计日处理污水规模为1500吨,出水水质设计要求达一级B标准。

"十二五"期间配套管网总长为4.61千米,"十三五"期间新增管网1.8千米。根据湖北省乡镇污水处理全覆盖要求,2017年启动提标改造工程,新建深度处理工艺,建设总规模为4000立方米/天,土建工程除一期的所有建构筑物外,还包括一、二期工程的公共建构筑物,主要建设AAO生化池、二沉池、絮凝反应沉淀池、配水池、人工快渗池、消毒池、加药间、污泥池等。完成提标改造后,出水水质执行《地表水环境质量标准》(GB3838—2002)中的Ⅲ类标准。

近几年,通过积极、全面的治理,神定河的水质已大为改善,与汉江融为一体,绿水悠悠,一路北上,诠释了"护水人"的使命担当。

**(三)移民新村**

**1. 卧龙岗社区**

卧龙岗社区是南水北调中线工程最大的生态移民示范区,2010年建成并安置移民319户,共计1267人。该社区占地面积为3平方千米,位于十漫高速柳陂出口处、柳陂湖边。

近年来,卧龙岗社区抢抓机遇,科学规划,做好"结合、整合、联合"文章,抓好房屋居所、道路交通、村庄环境、设施配套、产业培育等开发建设的机遇,规划建设总建筑面积为5.9万平方米的移民住宅楼130余栋,人均住房面积45平方米,新建产业基地1200亩。图5-8为卧龙岗社区房屋。

为纪念移民这一重要历史事件,根植移民文化,郧阳区投资120万元建成了卧龙岗移民新村广场。该广场以外迁大移民纪实摄影作品为原型,建成了一组郧阳移民雕像群,包括14位移民外迁人物铜像、3条留下的狗、10条汉江鱼、1棵柿子树、1口老水井,生动形象地刻画了2010年当地移民外迁的典型场景。

这组大移民雕像群分为3个部分,自下而上32级台阶,沿阶而上,一步一景,渐

图 5-8 卧龙岗社区房屋
（图片来源：姬廷顺提供。）

次分布，既独立为故事，又整体成篇章。

第一部分：水中的故乡。郧阳籍著名作家梅洁的"移民三部曲"《山苍苍水茫茫》《大江北去》《汉水大移民》为群像拉开了一个宏阔的序章。第一部分的主要场景是移民搬迁后的废墟，拆房后的残垣断壁，水塘和废弃的水井，在水塘里游着的鱼，让人想到淹没在水下的家园。由于移民外迁不能带走动物，几只被主人无奈留下的狗，或涉水而奔，或仰天长吠，或悲戚呜咽。一个老农跪在一片菜地上，手捧一把泥土紧紧贴在俯下的额头上，无声悲泣。还有那扛着龙舟龙头的中年男子，脚步是那么沉重（见图5-9）。

图 5-9 扛着龙舟龙头的中年男子不忍离去
（图片来源：http://news.cnhubei.com/syzx/p/10497259.html。）

第二部分：迁徙的故乡。展现的是搬迁过程中有代表性的移民场景，反映的是移民舍小家为国家的牺牲奉献精神，主要有十尊八组人物雕像。一位护士搀扶着一位胸戴"移民光荣"大红花的老太太，如图5-10所示。还有一位身披绶带的志愿者，手举车厢号牌，招呼引导外迁移民上车。一位中年男子扛着一块汉江石，这块汉江石是他儿时的玩具,是他祖辈传下来的家具,是他想要带走的记忆。还有那头戴草帽的移民挥别故土,还有那扛着彭家岗渡口的牌子外迁的移民,还有两个妇女抱在一起难舍难分。有一位老汉穿着短裤、光着脚坐在大石板上,双目微闭,眉头紧锁,内心纠结地拉着二胡,静静地看着他,我们仿佛听到琴音的悠远而伤感……

图 5-10　一位护士搀扶着一位胸戴"移民光荣"大红花的老太太

(图片来源:http://news.cnhubei.com/syzx/p/10497259.html.)

第三部分:希望的故乡。这是 3 个少年欢快地奔向美好未来的场景(见图 5-11)。其中有一个男孩,还有一大一小两个女孩,他们身戴红花,小脸儿像朵朵盛开的向日葵,在奔向新生活的道路上,洒下一串串银铃般的笑声。

雕塑无声胜有声。有了这群雕塑,卧龙岗社区便有了历史的厚重和文化灵魂。无论是远迁他乡,还是留在郧阳,郧阳人永远都呈现出一种坚韧不拔、昂扬向上的生命姿态。郧阳人舍小家为大家的精神值得我们永远铭记。

**2. 黎家店村**

黎家店村(见图 5-12)是南水北调中线工程的又一大移民村。这里山清水秀,蓝天白云,青瓦白墙,一栋栋、一排排乡间别墅,在绿树红花中显得格外引人注目。

黎家店村紧依汉江沿岸,位于柳陂镇最北端,与五峰乡黑家湾村接壤,南与柳坡镇韩家洲村接壤。全村占地面积为 9.63 平方千米,易地搬迁 102 户,共计 278 人。

该村以农业种植为主,2015 年开始建设枇杷基地,2019 年全村种植红薯 800 亩、核桃 200 亩、樱桃 50 亩。从移民安置点到枇杷基地,当地修建沿江景观路,依托

图 5-11 少年欢快地奔向美好未来

(图片来源:http://news.cnhubei.com/syzx/p/10497259.html.)

图 5-12 黎家店村

(图片来源:http://zjw.shiyan.gov.cn/xwzx/qxsm/201906/t20190627_1769636.shtml.)

黎家店古文化,开发水上旅游,建设美丽乡村。如今 100 多户移民搬迁户在这里安居乐业,建设新家园,耕耘新梦想,创造新生活。

## 三、推荐线路

(1)南水北调核心水源地之旅:中华水园—汉江绿谷—子胥湖·龙舟广场—神定河—茶店镇污水处理厂。

(2)探访移民村落之旅:卧龙岗社区—黎家店村。

# 主题六 恐龙故乡之旅

## 一、课程简介

研学主题：寻找恐龙踪迹。

研学课程：寻找恐龙之旅，地质勘查之旅。

研学要义：认知古生物起源、恐龙与地质年代，考察典型地质地貌。

研学基地：郧阳恐龙蛋化石群国家地质公园。

活动时间：1—2天。

课程融合科目：物理、化学、地理、生物、综合实践活动、地方课程、校本课程等。

## 二、课程资源

### 恐龙故里　亿年穿越

郧阳恐龙蛋化石群国家地质公园的园区面积约为45平方千米，园内的地质遗迹记录了地球地质构造的演化，特殊的地质构造和地理位置造就了境内地貌多姿、江河交融的生态环境。

郧阳区青龙山一带的恐龙蛋化石赋存在晚白垩世地层的粉红色砂砾岩中，距今0.65亿年—1.35亿年。经国家和湖北省有关地质专家研究，该区有六个产蛋层，除个别层位恐龙化石破碎外，绝大部分恐龙蛋化石保持原始的成窝状态。化石的主要形态有卵球形、球形、扁球形等，蛋壳颜色分为浅褐色、暗褐色、灰白色三种，分别属于五个恐龙蛋科：树枝蛋科、网状蛋科、蜂窝蛋科、棱齿蛋科、圆形蛋科，其中树枝蛋科分布最广，数量最多，约占70％。

郧阳区青龙山恐龙蛋化石群是世界上恐龙蛋化石最集中、种类和数量最多、保存最完整、规模最大的化石群。原地遗迹展示园的恐龙蛋化石以数量多、密度大、埋藏浅、分布集中、保存完好而名噪海内外，因此，郧阳拥有"恐龙之乡"的美誉。

【导语】斗转星移，沧海桑田，神奇而又年轻的地球在浩瀚的宇宙中至少存在了46亿年，生命如何起源、进化？在人类成为地球主宰之前，又曾有哪些物种"各领风骚数亿年"？远古的侏罗纪、白垩纪真的像电影《侏罗纪公园》里面所描绘的那样吗？化石是怎样形成的？火山、地震是怎么发生的？或许这些问题同学们早已在书本上找到解答，现在让我们一起走进郧阳恐龙蛋化石群国家地质公园，去寻找更加直观、立体、丰富的答案吧！

## （一）恐龙蛋化石群遗址——郧阳恐龙蛋化石群国家地质公园

郧阳恐龙蛋化石群国家地质公园由青龙山恐龙蛋化石古生物地质遗迹、李家沟恐龙化石古生物地质遗迹、梅铺猿人遗址、龙吟峡喀斯特洞穴地质遗迹、虎啸滩喀斯特地质遗迹、云盖寺绿松石矿遗址、安城古铜矿遗址、青曲郧县人遗址、沧浪山-红岩背武当群构造九大园区组成。其位于柳陂镇青龙山，2008 年 10 月开园。该地质公园的恐龙蛋化石群具有数量大、埋藏浅、种类多、分布集中、保存完好的特点。

### 【研学点 1】郧阳地质博物馆

郧阳地质博物馆（见图 6-1）位于郧阳恐龙蛋化石群国家地质公园内，是湖北省唯一一家恐龙主题的博物馆。作为整个地质公园的标志性建筑，博物馆外观造型酷似一个巨型的恐龙蛋。馆内常设展厅面积为 2500 平方米，分为上下两层：由序厅、地球厅、恐龙厅、恐龙生活场景复原厅、郧阳人文厅、哺乳动物大厅、恐龙乐园——史前部落、科普广场等组成，其中恐龙厅内展示有恐龙蛋化石及恐龙骨骼化石。

图 6-1　郧阳地质博物馆

（图片来源：https://www.sohu.com/a/331923747_164838.）

### 【研学点 2】恐龙蛋主题展馆

2019 年，为迎接在郧阳区召开的世界第七届恐龙蛋与恐龙幼体国际学术研讨会，中科院古脊椎动物与古人类研究所和郧阳区人民政府合作建设了恐龙蛋主题展馆（见图 6-2），以系统地介绍恐龙蛋的基础知识。这是一个集科学普及和研究于一体的展览馆。

恐龙蛋化石是一种珍稀的遗迹化石，它是埋藏在地下岩石中已经石化的恐龙蛋，是稀有的古蛋类化石，不仅在我国，在全世界都是非常珍贵的自然遗产和宝贵财富。郧阳区的恐龙蛋化石，主要分布在青龙山、土庙岭、红寨子、卧龙山、庄挡沟、磨石沟等地，分布面积约为 4 平方千米。这处恐龙蛋化石产地是目前国内外已发现的近 220 处恐龙蛋化石产地中自然属性较强的少数产地之一，也是保存较完好的古蛋类化石群之一。

图 6-2 恐龙蛋主题展馆
(图片来源:郧阳恐龙蛋化石群国家地质公园。)

### 【研学点 3】郧阳恐龙蛋化石群遗址一号馆

郧阳恐龙蛋化石群遗址一号馆属于遗址的核心区域,近百平方米的剖面上遍布约 1500 枚恐龙蛋化石,具有极高的典型性、稀有性和保护完整的原始埋藏状态,具有重要的科研、科普和观赏价值。其数量大、种类多、埋藏浅、分布集中、保存完好的自然形态让人耳目一新。

### 【研学点 4】郧阳恐龙蛋化石群遗址二号馆

郧阳恐龙蛋化石群遗址二号馆(见图 6-3)获得"2016 年全球十大公共建筑"的美誉。馆内的恐龙蛋化石剖面长廊长 100 米,面积达 1300 平方米,共包含了上下 6 个产蛋层,可供观赏的恐龙蛋化石有 2000 余枚,一窝 97 个恐龙蛋的世界奇观就保存在这个长廊的中部。在这个可以大面积欣赏恐龙蛋化石的胜地内,人们可以尽情饱览恐龙蛋化石的风采。剖面长廊保护建筑工程设计科学新颖、造型独特,建筑工程内采用了自然通风,以天窗引入有限的漫射光对蛋群进行局部照明,以突出蛋化石的立体感,精心设计了架空栈桥高度和宽度,参观者不仅可以看到长廊内不同类型、不同大小、不同结构、不同形态的蛋窝和蛋化石以及不同产蛋地层的变化,还可以近距离体验和感受蛋化石的神奇和奥妙。

### 【研学点 5】郧阳恐龙蛋化石群遗址三号馆

郧阳恐龙蛋化石群遗址三号馆(见图 6-4),是目前国内外唯一以原地恐龙蛋化石为展示对象的展馆,建筑面积为 5000 多平方米,展示馆总体采用钢结构,从外形看,似一只神态悠闲、栩栩如生的恐龙,其已经成为当地的地标建筑。馆内共有蛋窝 100 多窝,蛋化石 6000 余枚,化石类型 10 多种。蛋窝大小不一,形态各异。单个

图 6-3　郧阳恐龙蛋化石群遗址二号馆
（图片来源：https://www.sohu.com/a/122853317_556721.）

蛋化石的直径达 20 余厘米，小的直径小于 10 厘米，让人眼花缭乱。这里是开展恐龙蛋化石科研、教学、科普与观赏的最佳场所。

图 6-4　郧阳恐龙蛋化石群遗址三号馆
（图片来源：https://www.hbyunyang.net/news/minsheng/2019-05-17/77294.html.）

（二）恐龙蛋化石遗址——西王村

西王村恐龙蛋化石产地位于郧阳区谭山镇西王村境内，地貌形态为一小山坡，地处大巴山东延余脉与秦岭东延余脉之间，东北部与河南省淅川县荆紫关镇、寺湾镇、滔河乡连接，西南部与郧阳区白浪镇、南化塘镇、白桑关镇、梅铺镇接壤。西王村大地构造位于秦岭造山带金鸡岭复向斜庙川褶皱束淅川盆地西侧，区域内出露地层有震旦系陡山沱组和灯影组，古生界寒武系中统和上统、白垩系上统和第四系中、上更新统、全新统。

2018 年 7 月至 2018 年 12 月，湖北省地质科学研究院承担谭山西王村恐龙蛋化石产地野外地质调查项目，并开展保护性挖掘工作，挖出单体蛋化石 8 枚，蛋化石一窝（约 16 枚），共计约 24 枚。根据修复及研究结果，本次发现的恐龙蛋化石形态与滔河扁圆蛋比较相似，故初步鉴定为"滔河扁圆蛋"。根据对研究区地层开展详细的地层学研究工作，研究人员初步将西王村含恐龙蛋地层确定为晚白垩世高沟组。

## 知识链接

### 郧阳恐龙蛋化石群主要类型与特征

#### 1 恐龙蛋与恐龙蛋化石

##### 1.1 什么是恐龙蛋化石

恐龙蛋是一种生活在距今 2.5 亿年至 0.65 亿年前的名叫"恐龙"的爬行动物下的蛋。对于人类来说,这是一个距今很遥远的年代,地史上把恐龙繁盛的这个年代叫作中生代。恐龙属于爬行动物,它和现今还能看到的爬行动物如鳄鱼、蜥蜴、蛇等爬行动物一样,是卵生繁殖的动物。恐龙蛋是恐龙产的卵(见图 6-5)。它具有坚硬的外壳,由蛋壳、蛋白和蛋黄组成,恐龙蛋是恐龙生命的胚胎形式。恐龙蛋化石是指埋藏在地下岩石中已经石化的恐龙蛋,是稀有的古蛋类化石。

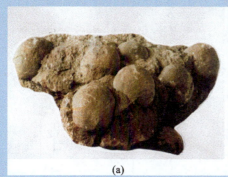
(a)

(b)

图 6-5 恐龙蛋

##### 1.2 恐龙蛋化石如何分类

至今,全世界已发现的恐龙蛋化石有很多,它们形态各异、千差万别。在我国,保存完好的恐龙蛋窝和恐龙蛋化石分布广泛、类型多样,在实际鉴定过程中,经常碰到无法归类的困难和似是而非的困境,如何分类和命名特别是参照生物学的分类方式分类,就成为恐龙蛋化石研究需要首先解决的问题。

目前,恐龙蛋化石的分类基本依据赵资奎先生(中科院古脊椎动物与古人类研究所研究员)提出的分类方法进行分类。本方法通过对恐龙蛋化石的宏观和微观形态特征的对比,将恐龙蛋按种、属、科等分类层次划定分类方法。它们的正式命名采用生物分类的双名法,即学名由属名和种名组成。目前这一分类和命名方法已得到许多有关学者的认可,以这一分类方法为基础,国际上已初步建立起一个通用的恐龙蛋化石分类系统。目前,恐龙蛋化石的分类主要依据下述特征。

##### 1.2.1 蛋化石宏观形态特征

蛋化石宏观形态特征包括蛋的形状、大小、蛋壳厚度和蛋壳外表面纹饰等。恐龙蛋的形状分为圆形、扁圆形、椭圆形、长形等(见图 6-6)。恐龙蛋化石的形状和大小,一般通过测量蛋化石的长径、赤道直径来计算蛋化石的形状指数(形状指数=赤道直径×100/长径,其中形状指数反映的是蛋化石在长径方向上延伸的程度)。形状指数 90—100 的为圆形蛋(见图 6-6(a));50—80 的为椭圆形蛋(见图 6-6(b));80—90 的为近圆形蛋(见图 6-6(c));＜50 的为长形蛋(见图 6-6(d))。

图 6-6　蛋化石宏观形态示意图(赵资奎、王强、张蜀康,2015)

#### 1.2.2　蛋壳微观形态特征

对蛋壳组织结构的认知是以现生蛋壳的有关知识为依据,针对蛋壳结晶质的钙质层结构特征(如壳单元的形状、大小、排列形式及气孔道形状等),以在普通光学显微镜、偏光显微镜和扫描电镜(SEM)下进行观察得到的数据为依据进行的分类(见图 6-7、图 6-8)。

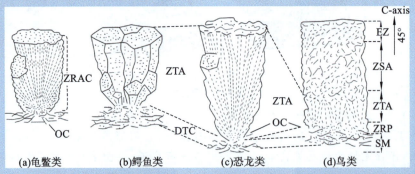

图 6-7　龟鳖类、鳄鱼类、恐龙类和鸟类卵壳示意图(Mkihailov,1992)

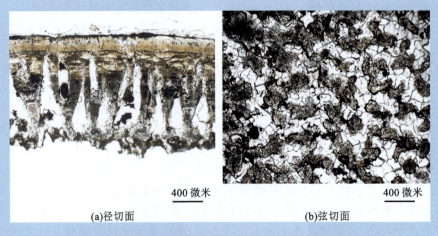

图 6-8　郧阳区青龙山产沈氏扁圆蛋类蛋壳显微结构特征对比图

### 1.2.3 行为特征

不同类型恐龙蛋在蛋窝中的排列方式不尽相同,这种差异也可以作为恐龙蛋化石的分类特征。例如,蛋窝的大小、蛋在蛋窝中的排列方式及蛋化石之间的间距等。如图 6-9 所示,左边为长形蛋蛋窝,一般为食肉类恐龙的蛋窝;右边为扁圆形蛋蛋窝,一般为素食类恐龙的蛋窝。这些均反映出不同种类的恐龙有不同的筑巢产蛋行为,在野外调查观察时,要尽可能地对蛋化石的埋藏特征进行详细描述,科学地采集样品。

**图 6-9　成窝状分布的两窝恐龙蛋**

## 2　郧阳区青龙山恐龙蛋化石的主要类型与特征

### 2.1　土庙岭扁圆蛋(新组合)

地点与层位:湖北省郧阳区贺家沟村土庙岭,上白垩统高沟组。

鉴别特征:蛋化石为扁圆形(见图 6-10),赤道面为圆形或近圆形,赤道面长轴为 128—170 毫米,短轴为 113—158 毫米。蛋壳厚度为 1.52—2.40 毫米,融合层占壳厚的 1/10—1/4。壳单元为长柱状,通常较纤细,在径切面上的宽度为 0.11—0.21 毫米,排列较紧密,间隙的宽度一般不超过壳单元的宽度。

**图 6-10　土庙岭扁圆蛋(蓝)和郧县扁圆蛋(黑)**

### 2.2 郧县扁圆蛋（新蛋种）

地点与层位：湖北省郧阳区贺家沟村土庙岭，上白垩统高沟组。

鉴别特征：蛋化石为扁圆形（见图 6-10），赤道面为圆形或近圆形，长轴为 133—161 毫米，短轴为 138—159 毫米，蛋壳厚度为 1.42—1.58 毫米，壳单元多为柱状，向蛋壳外表面方向逐渐增粗。

### 2.3 沈氏扁圆蛋（新蛋种）

地点与层位：湖北省郧阳区贺家沟村土庙岭，上白垩统高沟组。

鉴别特征：蛋化石为扁圆形（见图 6-11），赤道面为圆形或近圆形，长轴约为 140 毫米，短轴为 123—133 毫米。蛋壳很薄，厚度为 1.26—1.36 毫米，融合层占壳厚的 1/7—1/6。壳单元在近蛋壳内表面处极细，向蛋壳外表面方向迅速增粗，在蛋壳中部常出现不对称分枝，对称分枝较少见。

图 6-11　沈氏扁圆蛋（图中蓝色编号的）

### 2.4 密集扁圆蛋（新蛋种）

地点与层位：湖北郧阳区贺家沟村土庙岭，上白垩统高沟组。

鉴别特征：蛋化石为扁圆形（见图 6-12），赤道面直径为 132.56—155.08 毫米，在蛋窝中上下重叠，排列方式不规则。蛋壳厚度为 1.73—1.78 毫米，融合层厚度约占壳厚的 1/7。壳单元纤细，在径切面上的宽度为 0.05—0.14 毫米，壳单元第一次出现对称分枝的位置接近蛋壳内表面，部分分枝在接近融合层处进一步分成对称的两枝。

### 2.5 柱状扁圆蛋（新蛋种）

地点与层位：湖北郧阳区贺家沟村土庙岭，上白垩统高沟组。

鉴别特征：蛋化石为扁圆形（见图 6-13），蛋壳厚度为 1.78—1.94 毫米，融合

主题六 恐龙故乡之旅

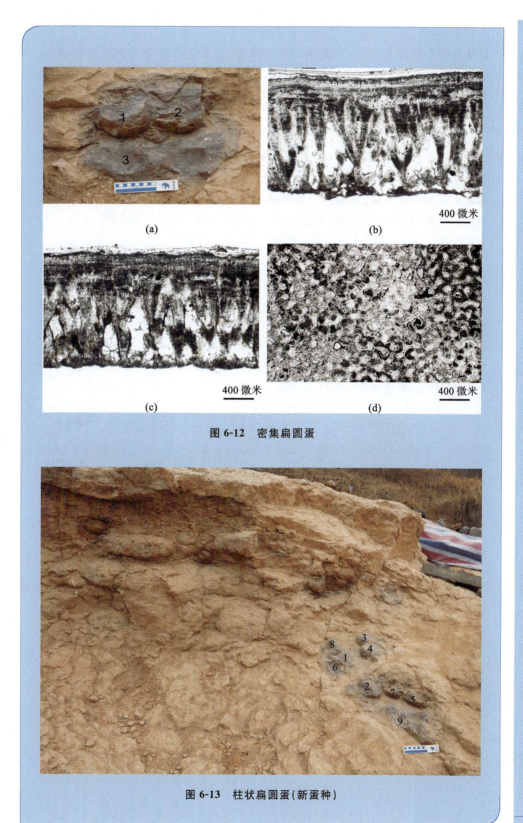

图 6-12 密集扁圆蛋

图 6-13 柱状扁圆蛋(新蛋种)

层厚度占壳厚的1/9—1/6，壳单元多为柱状，向蛋壳外表面方向逐渐增粗，或在蛋壳中部及近内表面处出现对称的分枝，不同的蛋化石上壳单元的直径变化较大。

### 2.6 贺家沟假棱柱形蛋（新蛋种）

地点与层位：湖北郧阳区贺家沟村土庙岭，上白垩统高沟组。

鉴别特征：蛋化石为扁圆形，赤道面长轴为144.0毫米，短轴为140.4毫米，赤道面形状指数为97.5。蛋壳厚度为1.05毫米，由径切面上略呈楔形的壳单元紧密排列而成，弦切面上壳单元为不规则块状，近蛋壳内表面处壳单元排列较松散，密度为155个/平方毫米，直径为0.05—0.16毫米，平均为0.10毫米。

### 2.7 卧龙山假棱柱形蛋（新蛋种）

地点与层位：湖北郧阳区卧龙山，上白垩统高沟组。

鉴别特征：蛋化石为扁圆形（见图6-14），极轴长为92.6毫米，赤道面长轴为138.9毫米，短轴为131.0毫米，赤道面形状指数为94.3。蛋壳厚度为1.20毫米，由紧密排列的柱状壳单元组成。近蛋壳内表面和外表面的弦切面上壳单元排列得都很紧密，近蛋壳内表面处壳单元直径为0.11—0.21毫米，平均为0.16毫米，密度为81个/平方毫米。

图6-14 卧龙山假棱柱形蛋

### 2.8 二连副圆形蛋

**地点与层位:** 湖北郧阳区卧龙山,上白垩统高沟组。

**鉴别特征:** 蛋化石已发生不同程度变形(见图 6-15),但仍可辨别认出为卵形。长径为 9.4—12 厘米,横径为 8.3—9.0 厘米。蛋壳呈灰白色,在平滑的外表面上不均匀地分布一些小结节。蛋壳厚度为 1.2—1.24 厘米,由锥体层和柱状层构成。锥体层薄,约占蛋壳总厚度的 1/7。锥体宽,锥形近柱形,一般 2 个以上聚集在一起,锥体间隙只有在锥体群之间才比较明显。柱状层的内侧层纹发育,外侧模糊,棱柱状的结晶构造排列紧密,柱状体之间的分界不明显。气孔道较稀疏,但孔径较大(0.1 毫米)且呈不规则裂隙状。

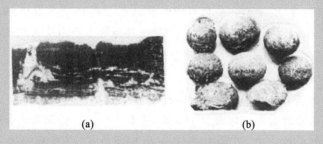

(a)          (b)

**图 6-15 二连副圆形蛋**

### 2.9 滔河扁圆蛋

**地点与层位:** 湖北郧阳区青龙山土庙岭高沟组第二产蛋层。

**鉴别特征:** 蛋化石顶视为椭圆形,壳体一面圆凸,一面破损,壳表光滑或显粗糙,蛋大小为 16 厘米×14 厘米×9.6 厘米(见图 6-16(a)),蛋壳厚度为 1.8 厘米,壳单元占壳厚度的 3/4,其上具放射线,形成分叉状孔道;近壳单元致密,分布稀少的气孔道和条带线,球节横向拉长,形成暗色条带(见图 6-16(b))。有次生的棱柱现象。

(a)          (b)

**图 6-16 滔河扁圆蛋**

## 3 青龙山恐龙蛋化石的分布与埋藏特征

### 3.1 郧阳区恐龙蛋化石分布特征

研究郧阳区内的恐龙蛋化石,主要分布在柳陂镇李家沟及贺家沟(现合并为青龙山村),由西南向东北经卧龙山、红寨子、青龙山、土庙岭、磨石沟、庄挡沟至郑家沟,延长约3.5千米,分布面积约4平方千米。其中,蛋化石出露面积为2平方千米,集中分布在卧龙山、红寨子、青龙山、土庙岭、磨石沟、庄垱沟等地,在贺家沟西北面山梁上、长岗岭东坡也有零星出露。

#### 3.1.1 卧龙山蛋化石分布区

蛋化石大致呈南北向分布在卧龙山山梁两侧,主要出露在东南坡,出露高程为280—310米;出露长480米,呈西北向展布。产恐龙蛋化石地层为上白垩统高沟组上段,厚3—4米。蛋化石产在紫红色含砾钙质砂岩中,呈窝状分布,每窝产蛋6—10枚不等,保存完整。上覆地层为中上更新统河床相砾岩。

产:土庙岭扁圆蛋、贺家沟假棱柱形蛋。

#### 3.1.2 红寨子蛋化石分布区

蛋化石主要分布在红寨子西北坡,出露高程为250—270米,受后期断裂构造影响呈东北向展布。露头长110米,宽1—80米。蛋化石产在高沟组上部紫红色含砾钙质砂岩中,呈窝状产出,蛋窝密集、蛋窝之间间距为2—3米,每窝产蛋6—20枚不等。上覆地层为马家村组辫状河相砂砾岩。

产:土庙岭扁圆蛋。

#### 3.1.3 青龙山(325高地)蛋化石分布区

蛋化石出露在青龙山西北、东南山坡上,含化石地层呈U字形分布,出露高程为240—280米,露头长500米,宽3—4米。产化石地层为高沟组上段,岩性为紫红色含砾钙质砂岩,上覆地层为马家村组灰紫色河流相砂砾岩。

产:土庙岭扁圆蛋

#### 3.1.4 青龙山327高地蛋化石分布区

蛋化石出露在327高地300—320米高程上,围绕山峰呈不规则圆形分布,直径为180米。产化石地层为高沟组紫红色含砾砂岩,顶部被第四纪河床砾石层覆盖。

产:土庙岭扁圆蛋。

#### 3.1.5 土庙岭蛋化石分布区

蛋化石出露在贺家沟村一组南西一侧山坡上,出露高程为240—300米,露头长300米,宽220米,产化石地层为高沟组上段紫红色含砾钙质砂岩,含蛋化石地层几乎全部裸露于地表,蛋窝分布密集,保存完整。

产:土庙岭扁圆蛋、沈氏扁圆蛋、郧县扁圆蛋、密集扁圆蛋、柱状扁圆蛋、贺家沟假棱柱形蛋。

### 3.1.6 磨石沟蛋化石分布区

蛋化石分布在磨石沟 319 高地东坡,露头长 550 米,宽 20—110 米,产化石地层为高沟组上段紫红色含砾砂岩,顶部被马家村组覆盖。

产:土庙岭扁圆蛋。

### 3.1.7 庄挡沟蛋化石分布区

蛋化石分布在 319 高地北东山坡上,该分布区长 280 米,宽 40—200 米,四周被马家村组覆盖。

产:贺家沟假棱柱形蛋。

## 3.2 青龙山恐龙蛋化石的埋藏特征

在剖面上,目前只在高沟组和寺沟组中见到恐龙蛋化石,尤以高沟组上部分布密集,一般有 2—4 小层,在土庙岭剖面上最多见到 6 个产化石(小)层(见图 6-17、图 6-18),每个化石层层距为 0.5—1.5 米。其中第二产蛋层蛋化石最为丰富,分布密集,种类多,成窝状分布,一般每窝 3—20 枚,其中一窝蛋多达 97 枚(见图 6-19)。

**图 6-17 同一剖面上有 6 个产蛋层**

寺沟组目前仅在青龙山东坡公路边发现一窝蛋化石。人们目前所看到的蛋化石均呈窝状分布,以不规则的圆形排列较为多见(见图 6-20)。在土庙岭第二产蛋层中,见一窝呈弧形分布的蛋化石(见图 6-21)。在土庙岭剖面上第五产蛋层中,一窝蛋有三层蛋迭覆。总体上看,研究区内的恐龙蛋化石没有搬运的痕迹,蛋壳基本没有遭到破坏,蛋窝原地保存完整,恐龙蛋化石成窝、成片分布,这说明当时恐龙蛋是在一种未经搬运的环境下快速被埋藏的。

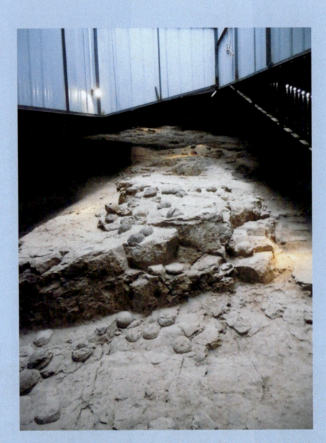

图 6-18 剖面上裸露的 3 层蛋化石

图 6-19 一窝蛋多达 97 枚(照片为其中一部分)

图 6-20　呈椭圆形排列的蛋窝

图 6-21　呈弧形分布的蛋窝

## 4 郧阳区青龙山恐龙蛋化石群的国际地位与保护意义

### 4.1 青龙山恐龙蛋化石产地在国际上同类恐龙蛋化石产地中的地位

据调查,郧阳区柳陂镇青龙山恐龙蛋化石群是目前国内外已发现的近220处恐龙蛋化石产地中自然属性较强的少数产地之一,保存最完好的蛋化石群。2019年8月在郧阳召开的第七届恐龙蛋与恐龙幼体国际学术研讨会暨郧阳恐龙专题研讨会上,全体与会代表一致肯定,青龙山恐龙蛋化石产地是目前国内外已知地表保存面积最大的恐龙蛋化石产地,青龙山恐龙蛋化石产地不仅是中国的,也是世界的。其特点如下。

第一,数量大、密度高。

郧阳恐龙蛋化石群国家地质公园内的恐龙蛋化石分布密集,蛋窝间距一般为3—5米,每窝蛋的数目为5—25枚,最多一窝达97枚。

第二,种类多。

郧阳恐龙蛋化石群国家地质公园内的恐龙蛋化石种类多,从蛋化石外部形态可以分为圆形蛋、扁圆形蛋、椭圆形蛋、长形蛋等多种类形。根据蛋壳显微结构分类,郧阳区恐龙蛋化石就有树枝蛋科、圆形蛋科和假棱柱形蛋科3个科,4个属,11个种。

第三,埋藏浅,产化石层位多。

青龙山的恐龙蛋化石大多产出在近地表,许多已出露地表,稍加揭露即可见到成窝分布的恐龙蛋化石。产化石层位多,一般为2—4层,且层位稳定。

第四,保存完好。

恐龙蛋化石基本成窝出现,未发生迁移和搬运,原始蛋窝保存完整,蛋窝结构多样,这里是我国目前地面保存面积最大的恐龙蛋化石群,是研究恐龙产蛋方式、蛋窝结构、恐龙蛋化石埋藏环境的宝贵基地。

第五,地层剖面完整。

由于覆盖层薄,岩石大多裸露,含恐龙蛋化石的晚白垩世地层剖面连续完整,层序清晰,是研究恐龙生存时代、沉积环境与生态环境的理想地段。

### 4.2 保护恐龙蛋化石的价值和意义

恐龙蛋化石是一种珍稀的遗迹化石,它和其他古生物化石一样,蕴藏了许多地球演化、生物进化、生态环境和地质条件变化等方面的珍贵信息和实物素材。因此,开展恐龙蛋化石的研究,对认识地球的发展演化规律、合理利用地球资源,具有十分重大的历史意义和现实意义,主要体现在以下几个方面。

#### 4.2.1 地质构造学意义

郧阳区恐龙蛋化石研究区在地质构造位置上处于南秦岭造山带核心部位,在揭示造山运动后该区地壳运动期次和形式,特别在揭示造山运动后调整阶段白垩纪断陷盆地的形成与演化、大陆构造格架的变迁等方面提供了丰富的重要实物资料,对研究白垩纪至古近纪期间地质构造演化具有十分重要的意义。

#### 4.2.2 古生物学和古环境学意义

恐龙生存于中生代，复杂的地质运动和环境的变迁造成恐龙原始生态环境的恢复十分困难，使恐龙蛋化石越来越受到人们的重视。研究区丰富的恐龙蛋化石及其保留的生存年代信息，为研究恐龙蛋化石原始排列形态、蛋壳的厚薄及蛋壳内部结构，认识恐龙的生活习性、产蛋方式、繁衍迁徙规律，建立恐龙蛋化石的分类体系等提供了实物证据。同时，研究人员可以推断随着时代的推移恐龙演化所显示的变化规律；可以根据蛋壳内气孔的疏密程度和孔径大小，推断古气候的变化及古地理的变迁；根据恐龙的变异和绝灭，推断生态环境的变化及灾害事件等。

#### 4.2.3 地层学意义

古生物是一定地史期的产物，利用古生物化石来划分和确定地层，比依靠其他划分地层的方法更方便、快捷和可靠，这是划分地层重要的依据之一。目前已有资料证明，恐龙蛋化石的发现已为白垩纪地层的划分提供了具有重要说服力的依据。近年来，由于恐龙蛋化石系统分类的不断完善，白垩纪地层的划分深入到不同类型化石出现的层位，有的已达到划分到阶一级的程度。

#### 4.2.4 保护与开发利用意义

恐龙蛋化石是一种非常珍贵的古生物遗迹和宝贵的自然遗产，是研究地质科学、生命科学、古蛋类等学科及其他边缘学科的重要证据，在开展恐龙绝灭与灾变事件、探索地球，甚至天体的起源与发展演化的研究中，发挥了其他一些化石不可替代的作用。引进先进的科学技术，构建良好的资源环境研究平台，不仅可以提高我国恐龙蛋化石的研究水平，同时也可以促进我国恐龙蛋化石科技水平向更高层次发展和研究队伍素质的不断提高。

恐龙蛋化石作为一种地质遗产和一种可以永续利用的资源，具有重要的开发利用价值。在做好保护与改善环境和整合区域内其他资源的基础上，以恐龙蛋化石综合资源为主题，借鉴国内外有益的经验，建成多层次、多方位、多结构的地质公园，开展科学普及和观光旅游，可以带动地区第三产业的发展，增加地区就业机会，增加居民收入，维护社会稳定，促进社会进步和地区经济发展，实现恐龙蛋化石资源的永续利用。

（资料来源：此部分内容由湖北省地质科学研究院李正琪教授提供。）

## 三、推荐线路

寻找恐龙踪迹之旅：郧阳恐龙蛋化石群国家地质公园（李家沟恐龙化石古生物地质遗迹—西王村恐龙蛋化石遗址）。

# 主题七 访人类老家之旅

## 一、课程简介

研学主题：访人类老家。

课程名称：踏访人类老家之旅（旧石器时代人类活动遗迹/新石器时代人类活动遗迹之旅），华夏文明之旅，通史地域之旅。

研学要义：郧阳考古发现认知，古人类活动遗迹认知。

研学基地：郧阳博物馆、大寺遗址、青龙泉遗址、郭家道子遗址、辽瓦店子遗址、乔家院墓群遗址、上庄遗址、韩家洲遗址。

活动时间：2天。

融合科目：历史、地理、生物、综合实践活动、地方课程、校本课程等。

## 二、课程资源

### 生命不断线　历史不断代　文化不断层

郧阳位于北纬30°附近，地处中国地理版图的"鸡心"位置，境内发现有青龙山恐龙化石群、"郧县人"头骨化石、梅铺猿人遗址、白龙洞猿人遗址、黄龙洞猿人遗址、辽瓦店子遗址，是恐龙的故乡、古人类的发祥地、汉文化的摇篮、楚文化的源头，亿万年来，生命没断线、文化没断层、历史没断代，被誉为"人类老家"。

其中，学堂梁子遗址"郧县人"头骨化石的发现，是我国古人类中除"北京人"以外的重要发现，为系统探讨古人类的地位、归属和中国远古人类的演化模式提供了重要例证。辽瓦店子遗址包含了从新石器时代到夏、商、周至明、清各个时期的遗存，其中尤以新石器时代、夏、商、周时期的遗存最为丰富，为探寻楚文化起源和发展提供了重要的线索，被誉为"人类地下通史"；乔家院墓群的发现对印证史实及研究楚麇关系具有重要的学术价值；上庄遗址则对研究两汉时期汉江流域的历史、地理及城镇建制沿革具有重要意义；韩家洲遗址从旧石器、新石器时代一直延续到汉代。由此可见，郧阳自古就是人类繁衍生息的重要家园。

【导语】20世纪70年代以来，郧阳发现了多处不同阶段的古人类化石遗址，成为中国乃至世界稀有的古人类化石的"聚宝盆"。在这里，我们可以探寻人类从旧石器时代到新石器时代的活动足迹，沿着华夏文明之旅，感知"人类老家"的传奇与神秘。

（一）陈列展览——郧阳博物馆

郧阳博物馆是一座融陈列展览、宣传教育、社会服务、文物收藏、修复、研究与保护、考古发掘与研究等多种功能于一体的综合博物馆,是湖北省十佳文博单位、十堰市爱国主义教育基地。郧阳博物馆位于郧阳区城关镇郧阳路文化东巷6号,建筑面积5186平方米,其中展厅面积1600平方米,2000年4月正式对外开放,2008年8月对外免费开放。郧阳博物馆现有馆藏文物5万余件(包括南水北调工程的出土文物和考古标本),其中一级文物6件、二级文物24件、三级文物149件(等级文物数量不包括南水北调工程中出土的文物);展出文物有300余件,是展示古代郧阳人类历史文化的窗口。图7-1为郧阳博物馆外观。

**图 7-1　郧阳博物馆外观**
(图片来源:郧阳博物馆提供。)

郧阳不可移动文物影响深远,馆藏的距今约100万年的"郧县人"头骨化石享誉国内外,学堂梁子(郧县人)遗址已写进《中国大百科全书》和大学教科书;"梅铺猿人遗址""青龙泉遗址"分别载入《中国名胜辞典》和《中国文化大典》;唐太宗李世民的第三子濮王李泰家族墓地是国内除京畿长安(现西安)外发现的唯一一处唐代皇室家族墓葬群;柳陂镇青龙山恐龙蛋化石群,备受世界科学界的关注,在海内外引起极大的轰动;梅铺镇李家沟恐龙蛋化石及恐龙骨骼化石共生地,国内稀有,世界罕见。在举世瞩目的南水北调中线工程中,涉及郧阳区地下文物抢救保护点100余处,经过来自中科院、北京大学、人民大学、湖北省考古研究所等全国40余家考古科研单位的科学发掘,出土了大量的文物和考古标本。其中有被命名为"辽瓦店子文化"的辽瓦店子遗址、被命名为"青龙泉三期文化"的青龙泉遗址、乔家院墓群遗址、两汉时期的大型聚落遗址、隋唐时期的崖墓、唐太宗第三子濮王李泰家族墓地、明清时期的建筑基址以及明清时期的古建筑群落等都具有重要的历史和科学研究价值。

目前馆内设有的展厅分别是:博物馆概况馆,辽瓦店子、青龙泉遗址馆,"郧县人"馆,南水北调出土文物陈列馆,唐濮王李泰家族墓馆,杨献珍纪念馆,书画奇石馆,绿松石馆。馆内珍藏有震撼世界的"郧县人"古人类头骨化石,恐龙蛋、恐龙骨骼化石,象、犀牛、熊、羚羊、貘、虎、猪、鬣狗等哺乳动物遗骸,碑碣,弘治大钟,以及石器、陶器、青铜器、瓷器等文物。

郧阳博物馆与文物局一起负责全区885处古遗址、古墓葬、古建筑、石碑刻雕和近现代革命建筑的保护管理,博物馆热忱欢迎广大游客前来探寻古人类繁衍的踪迹,感悟人类历史发展的沧桑,解读汉江文化的奥秘,领略郧阳古老历史文化的丰厚底蕴。

(二)华夏文明揽略——郧阳系列人类活动遗址

### 1. 大寺遗址

大寺遗址位于郧阳区城关镇后店子村,坐落在汉江与堰河的交汇处,南距汉江40—50米,高出河床13米。遗址地势东高西低,呈阶梯形,面积约为5000平方米,文化堆积层厚3.4米。大寺遗址的文化内涵以新石器文化为主,2006年10月至2007年2月,以及2009年10月至2011年3月,湖北省文物考古研究所先后对该遗址进行了两次抢救性发掘,获得了丰富的仰韶、屈家岭、龙山遗存,以及一批西周、战国、秦、宋、明清时期遗存,为研究早期楚文化的起源提供了重要资料。图7-2为大寺遗址发掘现场。

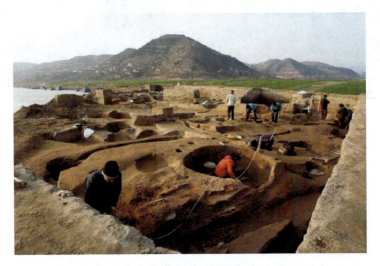

**图 7-2 大寺遗址发掘现场**

(图片来源:http://blog.sina.com.cn/s/blog_409b899b0101gbc5.html.)

大寺文化遗址发现的文化遗迹有灰坑27座、墓葬18座。主要文化遗物以陶器为主,其次是石器、骨器和角器。陶器是主要的日常生活用具,有夹砂红陶、灰陶和细泥红、灰、黑陶。具有代表性的器物有彩陶钵和盆、红顶碗、尖底瓶、夹砂罐、双耳罐等。生产工具主要是石器,其次有骨器、角器、蚌器和陶器;主要器形有斧、铲、锛、凿、穿孔刀、矛、镞、锄、网坠、鱼钩、锥、陶纺轮、匕和针等。装饰品有陶环、石璜、骨笄。

值得一提的是,大寺遗址考古发掘中还清理出两座仰韶文化丛葬坑,对于研究新石器时代仰韶文化的丧葬习俗具有重要学术价值。这两处葬坑都属于"二次葬",亦称复葬或迁葬,是流行于中国南方地区的一种传统丧葬习俗,特指对死者尸骸作二重处置:人死以后,先采用埋土、风化、架树、水浸、置洞等方式处理肉身,待皮肉腐烂后再发冢开棺,拣取骨殖洗净晾干,放入特制的陶瓮等容器内,择日选地置放或深埋,即重新安葬。在母系氏族社会和父系氏族社会时期,"二次葬"习俗已经形成并盛行起来,黄河流域仰韶文化遗址中发现有大批"二次葬"葬坑,分单人"二次葬"和多人"二次葬"两种形式,郧阳大寺遗址的这座墓坑属于多人"二次葬"。大寺遗址发掘清理的这两座仰韶文化丛葬坑,是首次在鄂西北发现,这表明新石器时代中期鄂西北地区与关中地区已有交流、融合。其实,"二次葬"的习俗不只存在于新石器时代,至今在我国南方一些地区仍然存在,如壮族和客家族会采用这种墓葬形式。

此外,在大寺遗址还发现了另一种丧葬习俗"瓮棺葬",这种丧葬习俗就是将未成年人(多是婴儿)夭折后的尸骨放入陶瓮中,盖上盖子,埋到地下。这些陶瓮以及瓮盖不是专门烧制的,而是将日常生活中的储物器物随机拿来用于埋葬。因此,出土的瓮棺规格不同、形状各异,瓮盖也是由陶片、陶钵及陶盆等随机组成。众多的儿童瓮棺墓,既显示当时因社会生活水平低下儿童死亡率极高,也说明儿童受到了特别的照顾。此外,很多瓮棺底部或用作棺盖的盆上都有一个小孔,有的钻成规则的圆形,有的则是敲击而成的不规则形状,小孔上往往还加盖一块小陶片,其内表面还涂有红色颜料。这种瓮棺式的丧葬习俗一般出现在我国南方地区特别是东南地区,而郧阳区出土的这些陶瓮棺(见图7-3)又有其独特之处,即它们多被埋葬在自己的房前屋后,据考古发现证实,这一丧葬习俗从新石器时代一直延续到汉代。

图7-3 陶瓮棺

(图片来源:http://blog.sina.com.cn/s/blog_409b899b0101gbc5.html.)

**2. 青龙泉遗址**

青龙泉遗址与大寺遗址东西相距15千米,位于郧阳区杨溪铺镇财神庙村,坐落在汉江北岸、玉钱山南麓,南距汉江约190米,高出河床18米。遗址地势北高南低,地貌为长条形岗地,总面积约为45000平方米,文化堆积层厚达6.5米。青龙泉遗址可分为青龙泉仰韶文化、青龙泉屈家岭文化和青龙泉三期文化遗存。此遗址因修建南水北调工程已被汉江淹没。

该遗址发现的文化遗迹,有圆形和长方形房址11座(均为木架结构的建筑)、灰坑11座、陶窑2座、墓葬44座(其中瓮棺葬14座)。

其文化遗存非常丰富,其中陶器最多,半数以上是夹砂灰陶,另有细泥橙黄陶、细泥黑陶、红灰陶、夹砂红陶,泥质红、灰、黑皮陶。具有代表性的器物有敛口带流罐、敛口钩唇橙黄口灰腹碗、乳钉纹高领罐等。图7-4为青龙泉遗址出土陶器。生产工具有石器、骨器、角器以及陶器等,以石器为主,多为磨制。主要器形有斧、铲、锛、圭形凿、矛、刀、镞、镰、杵、鱼、叉、磨石、锥和针等。装饰品有陶杯、石环、骨环、骨笄、玉璜、石璜、石珠、玉笄、小骨、象牙梳子等。其他遗存有猪、狗等家畜骨骸,以及鹿角、牙齿、果核、鱼骨、牛股骨、蚌壳、螺蛳壳、涂朱龟甲等。

**图7-4 青龙泉遗址出土陶器**

(图片来源:郧阳博物馆提供。)

青龙泉遗址与大寺遗址都位于郧阳境内汉江河谷的小盆地,包含新石器时代中期偏晚至末期的仰韶、屈家岭、青龙泉三期和龙山四种文化遗存。两处遗址共发掘出土完整和复原的文物约2800余件,其中青龙泉文物2140余件,大寺文物660余件,现今这些文物大多保存在郧阳博物馆和十堰博物馆中,为研究郧阳及周边区域的原始社会、先秦时代的历史和文化提供了大量的具有较高价值的实物资料,同时也向我们展示了新石器时代先祖们的生产和生活面貌,我们的先祖用石质工具挖掘窖穴,建造各种形制的房屋,用竹子编织光洁的竹席,用制作的陶纺轮捻线,在这块土地上生活繁衍,过着安稳的定居生活。

> **知识链接**
>
> ### 仰韶文化
>
> 　　仰韶文化是黄河中游地区一种重要的新石器时代彩陶文化，其持续时间大约在公元前5000年至公元前3000年，分布在整个黄河中游，即从今天的甘肃省到河南省之间。因1921年首次在河南省三门峡市渑池县仰韶村被发现，故按照考古惯例，将此文化称为仰韶文化。
>
> 　　据先秦文献记载的传说与夏、商、周的立都范围，汉族的远古先民大体以西起陇山、东至泰山的黄河中下游为活动地区。主要分布在此地区的仰韶文化和龙山文化这两个类型的新石器时代文化，一般认为是汉族的远古先民的文化遗存。仰韶文化的发现，宣布中国无石器时代文化理论的彻底被打破。它填补了中国远古文化发展史上的空白，开创了我国田野考古的先河。
>
> 　　仰韶文化时期的人们已过着以农业为主，畜牧、渔猎和采集为辅的定居生活。每个村落约有几十座房子，有方形或圆形、地穴式和平地起建等不同形式。主要农作物是粟，家畜主要有猪和狗。墓葬早期多为集体合葬和二次葬，常见的有成年男、女、小孩合葬，成年男性合葬，成年女性合葬，成年女性与小孩合葬等情况。男女无一定比例，墓葬人数不等，一般在五六人，多则为几十人。晚期只见单人葬。葬式多为仰身直肢，俯身少见，个别屈肢。小孩除与大人合葬外，多装入陶瓮，埋在住处或附近。早期随葬品一般是少量生活用的陶器、装饰品、生产工具和武器，男性多箭镞，女性多装饰品和蚌刀，晚期各墓随葬品的质量和数量都表现出较大的差别。仰韶文化分布范围广，存在较大的地区差别，文化内涵也不尽相同，故可分为不同类型。如分布在陕西关中、河南西部、山西南部的仰韶文化，可分为半坡、庙底沟和西王村三个类型；河南北部和河北南部的仰韶文化，可分为后冈和大司空两个类型。仰韶文化的早、中期处于母系氏族社会的繁荣时期，晚期开始向父系氏族社会转化。郑州西山还发现了仰韶文化晚期的城址。
>
> 　　（资料来源：根据相关资料整理。）

### 3. 郭家道子遗址

　　郭家道子遗址位于郧阳区安阳镇槐树村二组和三组，遗址面积约8000平方米，文化层厚1.5米左右，地表暴露出灰坑和红烧土，发掘出石斧、锛和陶片，属新石器时代仰韶文化、屈家岭文化。图7-5为郭家道子遗址南区发掘探方。

　　2007年至2010年湖北省文物考古研究所先后对该遗址进行了3次发掘，出土了一批陶器、石器、动物遗骸等。陶片以泥质红陶为主，泥质灰陶次之，有少量的夹砂红、灰陶，纹饰有弦纹、绳纹、附加堆纹等，器形有鼎、罐、钵、瓮等。

### 4. 辽瓦店子遗址

　　辽瓦店子遗址位于郧阳区柳陂镇辽瓦村四组，地处汉江南岸的二级台地上，南水北调中线工程丹江口水库淹没线以下。该遗址包含了从新石器时代到明清各个

图 7-5 郭家道子遗址南区发掘探方
（图片来源：郧阳博物馆提供。）

时代的遗存，是从新石器时代一直到有人类文明史以来的通史遗址，因此被誉为"人类地下通史"。图 7-6 为辽瓦店子遗址发掘现场。该遗址中尤以新石器时代、夏代、商代、西周和东周时期的遗存较为丰富，尤其夏代文化遗存保存完好，遗迹、遗物十分丰富，是 1949 年以来长江流域发现的规模较大、出土文物较多的一处夏代的聚落遗址。西周时期的遗存则将楚文化的历史上溯到西周早期。该遗址入选 2007 年度"全国十大考古新发现"，2008 年被列入省级文物保护单位名单。

图 7-6 辽瓦店子遗址发掘现场
（图片来源：郧阳博物馆提供。）

2005 年 3 月至 2014 年止，武汉大学考古系、湖北省文物考古研究所先后对该遗址进行了抢救性发掘，获得一批新石器时代、夏代、商代、西周、东周、西汉、唐宋明清时期文化遗存，遗迹有房屋基址、灰坑、灰沟、水井、窑址、环壕及墓葬等，出土文物种类主要是陶器，少量的石器、骨器、铁器等，遗址遗存按时期分述如下。

新石器时代遗存数量不多，主要有灰坑、灰沟、墓葬、瓮棺 4 类。出土器物数量很少，以石器为主，多为卵石制成，分打制和磨制两类，有石锛、石斧等器型。陶器以泥质红陶为主，器型包括釜、鼎、深腹罐、豆、鬶、镂孔圈足盘等。

夏代遗迹数量丰富，房址、墓葬、灰坑都有发现。房址多为圆形地穴和半地穴式。墓葬多为小型竖穴土坑墓，葬式有仰身直肢、屈肢和侧身屈肢等多种，瓮棺为夹砂灰白陶。夏代灰坑出土大量陶器，与二里头文化陶器非常相似，以夹砂红陶为主，也有少量灰陶和黑皮陶，胎体较厚，器表多施以粗绳纹和篮纹，器型有釜、罐、盆、圈足盘、罐(釜)形鼎等,另有一定数量的盉、双耳杯、单耳杯等器物出土。

商代文化遗存相对较少。灰坑中清理出多枚卜甲和卜骨残片,采用龟的腹甲和牛的胛骨制成,上有排列整齐的圆形凿孔和火灼的痕迹。器物多出自灰坑,主要器类有鬲、罐、豆、簋、圈足盘、大口尊等。值得一提的是,商代灰坑遗址中出现了一组以扁足鬲为代表的新文化类型,属商末或周初,这组兼具周、楚风格的器物群,以陶鬲为典型,器物的口部、肩部、裆部从形态到纹饰都属典型的周文化风格,而裆部以下的高柱足则和遗址中典型东周楚式鬲有直接的发展演变关系,可以视为楚文化接受周文化在早期阶段表现出来的一种典型特征。这也是楚文化研究中迄今发现的年代最清晰、特征最明显的周文化与楚文化融合发展的实物例证。

西周时期遗迹为一定数量的房址、墓葬和灰坑。出土陶器多为泥质,器型有鬲、盂、罐等,形制融合了中原周文化和南方楚文化的风格。此外这一时期也出土有卜甲和卜骨,形制与商代有明显差别,为双联钻。

东周时期遗迹绝大部分为墓葬,少数为灰坑、水井和灰沟,其中最为重要的是一条2米深的环壕遗迹。出土文物丰富,以陶器为大宗,也有少量石器、青铜器、铁器以及动物骨骼。陶器以夹砂灰陶、红陶为主,绳纹占主体,器型有鼎、鬲、盂、罐、豆、盆、甗等。

西汉时期遗迹有少量灰坑、灰沟、水井,还有一座比较大的环壕遗迹,面积达500平方米,基本呈东西走向,倒梯形状,底部有一层淤沙。环壕范围内发现有带井圈的水井遗迹和形状不规整的灰坑若干。还有一座没有石制品的圆坑形墓葬,出土文物较少,只有筒瓦、板瓦,以及盆、甑、豆等。

唐宋明清时期仅发现砖室墓和随葬品壶、盘、罐等。

从文化面貌上看,辽瓦店子遗址的遗存自身特点突出,夏代部分受陕东南同时期文化的影响,同中原二里头文化也有一定的联系。商代中期和中原典型的商文化如出一辙。商晚、周初的文化面貌又呈现出浓厚的自身特点。西周中期典型的周文化侵入此地发展迅速,西周中期以后到东周则属楚文化的范畴。

辽瓦店子遗址地处楚文化起源的核心地带,遗址本身包含了西周与东周时期丰富的文化内涵,彼此之间的演变关系明显,且东周时期的遗存具有典型的楚文化特征。在所有的楚文化遗址中,这类遗址是十分罕见的,为探讨楚文化的起源和发展提供了重要的线索。2009年在郑州召开的南水北调中线工程考古发现与研究学术研讨会上,国内多位权威专家确认:辽瓦店子遗址正是学界多年寻找的楚文化源头。

> **知识链接**
>
> **古代器物炊具陶鬲**
>
> 鼎是古代的烹饪之器,相当于现在的锅,用以炖煮和盛放鱼肉等食物。许慎在《说文解字》里说:"鼎,三足两耳,和五味之宝器也。"有三足圆鼎,也有四足方鼎。最早的鼎是黏土烧制的陶鼎,后来又有了用青铜铸造的铜鼎。传说夏代时,禹曾收九牧之金铸九鼎于荆山之下,以象征九州,并在上面镌刻魑魅

魍魉的图形,让人们警惕,防止被其伤害。自从有了禹铸九鼎的传说,鼎就从一般的炊器而发展为传国重器。从商代至周代,人们都把定都或建立王朝称为"定鼎"。

陶鬲(见图7-7)也是一种炊器,新石器晚期开始出现。鬲多圆口,有三足,足形如圆锥,是中空的。

图7-7　陶鬲
(图片来源:郧阳博物馆提供。)

颜师古注《汉书·郊祀志上》引苏林语曰:"足中空不实者,名曰鬲也。"鬲用于煮粥,古书记载,黄帝时,先民们就烹谷为粥、蒸谷为饭了。夏、商、周三代,鼎和鬲已普遍使用。因为鬲与在井田里耕作的农夫有密切关系,所以古书上又把鬲作为不自由农夫的代称。那时战争中的俘虏,大部分被驱赶到井田里劳作,所以也称俘虏为鬲。著名的大盂鼎铭文记载,周康王一次对一个贵族的赏赐,就有"人鬲千又五十夫"。

鬲多是由粗陶烧制,火烤容易炸裂,故只能煮粥,不能蒸饭。远古时期的人们光喝粥是没法填饱肚子的,那么,专门用于蒸饭的炊具是什么呢?它就是甑,甑多是平底,有透蒸气的镂孔,相当于一面箅子。甑只有和鬲、鼎、釜等炊具组合起来才能使用,相当于现在的蒸锅。甑和鬲的"合成品"为陶甗,这是一种复合炊具,上部是甑,下部是鬲(或釜、鼎),下部烧水煮汤,上部蒸干食。陶甗产生于新石器时代晚期,商周时期有青铜甗。鬲、鼎与甑相合的甗可直接用于炊事,而釜、甑相合而成的甗则需与灶相配才能使用。到了汉代,人们有时直接将甗称为甑。

造型比较特别的陶盉,是古代调和酒水的器具。有关资料记载:"然则盉之为用,在受尊中之酒与玄酒而和之而注之于爵。"它出现于商代前期,盛行于商代后期至西周。

(资料来源:根据相关资料整理。)

### 5. 乔家院墓群遗址

乔家院墓群地处郧阳区五峰乡肖家河村二组，位于汉江上游的南岸的台地上，北部呈凸字形濒临汉江南岸，汉江自西而东环绕墓地的西部、北部和东部，形成三面环水的地形。墓地东西长 1000 米、南北宽 750 米、总面积为 75 万平方米。2008年被湖北省人民政府公布为省级文物保护单位。

乔家院墓群共发掘 64 座墓葬，包括 4 座大规模、高规格的春秋楚墓，不仅出土了一批青铜礼器（见图 7-8），而且在部分青铜器上发现了不同国别的铭文，更为重要的是，已先行发掘的 4 座墓葬都有殉人（陪葬者），这是 1949 年以来在湖北境内首次发现的春秋殉人墓葬，对印证史实以及研究春秋时期青铜器、楚国殉葬制度和楚麇关系有着重大的学术价值。

图 7-8　乔家院墓群出土文物
（图片来源：郧阳博物馆提供。）

### 知识链接

**乔家院墓群随葬青铜器**

青铜是历史上应用最早的一种合金，原指铜锡合金，因颜色呈青灰色，故称青铜。为了改善合金的工艺性能和机械性能，大部分青铜内还加入其他合金元素，如铅、锡、磷等。乔家院墓群随葬青铜器共 71 件，可分为青铜礼器、兵器、工具和青铜服饰器。其中成组青铜礼器为 36 件，其他青铜器为 35 件。出土的青铜器上大多有铭文，经考证，分属于古申国和唐国，主要有鼎、缶、簠、盥缶、盏、盘、匜、勺、匕等。

缶是楚人具有特色的器物，如盖中央有喇叭状捉手，捉手内饰蟠虺纹，盖和器身都饰蟠虺纹等，在楚国青铜器中都很常见。精美的造型和纹饰反映了当时的青铜器铸造水平的高超。铜盥缶是盥洗用的储水器，盥缶腹部两耳有环，可以将缶提起置高，缶底生火加热。精美的纹饰有可能是青铜器在铸造的过程中用到了失蜡法。失蜡法指用容易熔化的材料，比如黄蜡（蜂蜡）、动物油（牛油）等制成欲铸器物的蜡模，然后在蜡模表面用细泥浆浇淋，在蜡模表面形成一层泥壳，再在泥壳表面上涂上耐火材料，使之硬化成型，最后再进行烘烤，使蜡油熔化流出,从而形成型腔,再向型腔内浇铸铜液,凝固冷却后即可得到无痕、光洁、精密的铸件。这种铸造工艺在很多精美的青铜器上都有体现。

铜匜(见图7-9)属于成组的青铜礼器。据记载,其为商周时期宴飨行沃(自上浇之)盥(洗手的水流于盘内)之礼所用。"进盥,少者奉盘,长者奉水,请沃盥,盥卒授巾",古代贵族在洗手的时候要有至少两名侍者侍候左右。一名用匜浇水于手,另一名则以盘承接弃水。这一整套青铜器造型精美,特别是其中的铜匜,通体作成小兽的形状,有明显的兽面和兽尾,用作洗手浇水的时候,水流恰好从小兽的口中流出,独具匠心的造型加上高超的青铜铸造技术,使今天的我们依然能够窥见2000多年前春秋时期贵族们钟鸣鼎食的生活场景。

图7-9 铜匜
(图片来源:郧阳博物馆提供。)

青铜鼎是中国古代青铜器中最重要的器类。它是从远古时期的陶三足锅、三足釜演变而来的,最初只用于烹煮食物,后来主要用于祭祀和宴飨,成为重要的礼器,被认为是可沟通人与神、具有某种神性的铜器,成为各贵族阶层的专用品。特别是在商周时期,它是作为传国重器来铸造的,其数量有一定的规制,要严格遵循当时的礼制规定。

铜尊缶是盛酒器,其上有四个兽形环钮,盖沿有四个兽首形卡扣,小口、短颈、鼓腹、低圈足,腹部有四个龙形环耳。

铜簠是古代祭祀和宴飨时盛放黍、稷、粱、稻等饭食的器具,《周礼·舍人》:"凡祭祀共簠簋。"簠的基本形制为长方形,盖和器身形状相同,大小一样,上下对称,合则一体,分则为两个器皿。簠出现于西周早期,主要盛行于西周末春秋初。

青铜在春秋时期不仅仅是作为生活用器和礼器,还广泛用于兵器的铸造。乔家院墓群还出土了大量春秋时期的青铜兵器,其中有柄断剑上还可以清楚地看到装饰的大小不等的绿松石(见图7-10)。这证实了十堰地区盛产绿松石的悠久历史,也反映了古人高超的青铜铸造技术,将熔点差别极大的绿松石和青铜完美地黏和在一起,即使历经千年也不脱落。

图 7-10　青铜剑
（图片来源：郧阳博物馆提供。）

（资料来源：根据相关资料整理。）

### 6. 上庄遗址

上庄遗址位于郧阳区五峰乡西峰村三组，是古麇国故地。北临汉江，东与孟良寨隔沟相望，遗址地处西峰梁子东坡山前平缓的台地上，地势略呈缓坡状，平面近方形。

该遗址于 2009 年 3 月被发现，面积约 8 万平方米，地面随处可见汉代建筑板瓦、筒瓦等遗存，东部一断面处板瓦、筒瓦堆积厚达 1 米。图 7-11 为上庄遗址瓦当纹饰拓片。

2010 年经湖北省文物考古研究所勘探和发掘，得知该遗址地层堆积较单一，其文化内涵以汉代遗存为主，包含少量六朝和明清时期遗存。汉代陶器以泥质灰陶为主，还有少量灰黑陶。器形以双耳罐、折腹盆、甑、灶为特色，陶灶的造型较少见，还有少量的广肩罐、钵、器盖等。器表大多饰绳纹，还有少量弦纹、波折纹、划纹等。出土大量筒瓦、板瓦、瓦当等建筑材料。铜器仅出土箭镞和钱币等。根据出土器物特征的对比分析，上庄遗址汉代遗存的年代分属于西汉晚期、东汉早期两个阶段。上庄遗址的发现对研究汉江流域汉代文化面貌、建筑技术、文化艺术和社会经济等都具有重要的学术价值。

### 7. 韩家洲遗址

韩家洲位于堵河与汉江交汇处，是在汉江中心形成的一个小岛，洲上 100 多户人家均姓韩，故名韩家洲，又因绕岛一周也就九里，故又称九里洲。这里是历史上著名的古战场，相传刘邦、项羽争霸曾在此征战过几十回。韩家洲居民尊崇韩信，韩信埋母的故事在这里广为流传。

韩家洲周边的辽瓦店出土的旧石器与梅铺发现的猿人洞遗址，为考证汉江是人类文明的发祥地提供了有力证据。

读行郧阳

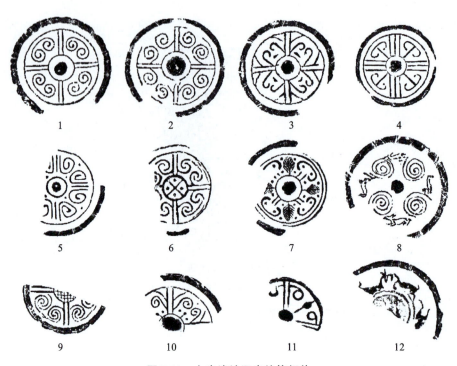

图 7-11　上庄遗址瓦当纹饰拓片
（图片来源：郧阳博物馆提供。）
1、2、4、5、6、9、11 为云纹，3、7、10 为植物纹，8、12 为动物纹。

> **知识链接**
>
> 中华文明的历程
>
> 　　中华文明经历了起步、形成和发展三个重要的历史时期，在郧阳这块土地上，每个历史时期都发现有文明的遗迹，呈现出深厚的文化沉积，保留着丰厚的文化见证——文物。
>
> 　　1. 文明的起步——石器时代
>
> 　　石器时代分为旧石器时代和新石器时代。这一时期郧阳区遗址遗存文化主要有：青龙泉遗址系统揭示的仰韶文化、屈家岭文化、石家河文化的"文化堆积层"；大寺遗址首次发现的仰韶文化丛葬坑，这些发掘和发现对于研究新旧石器时代鄂西北地区与中原、关中地区的文化交流与融合，以及本地区的远古时期民风民俗研究都具有重要的学术价值。其中，学堂梁子遗址是中国迄今为止发现的最早的古人类头骨化石与旧石器时代并存的古遗址，填补了"元谋人"与"北京人"之间的进化史上的空白，在旧石器时代考古学研究和古人类学研究中占有非常重要的地位。"郧县人"头骨化石的形态特征为系统探讨古人类的地位、归属和中国远古人类的演化模式提供了重要例证。学堂梁子遗址还是汉江地区发现的直立人化石中时代最早、材料最完整的古人类遗址。

旧石器时代是人类历史的开始阶段,处于旧石器时代的人类能够制作和使用简单的生产工具,整个人类社会的生产力水平仍极为低下,而当人类开始掌握了采集、渔猎、畜牧和制作陶器的技术的时候,人类社会便进入一个更为进步的阶段——新石器时代。郧阳及周边地区是我国南北文化过渡、交汇、融合的地带,对于新石器时代的考古文化面貌,其既彰显了南北融汇又体现了自身地域特色。汉江岸畔新石器时期的仰韶文化、屈家岭文化、石家河文化的"文化堆积层"涵盖了本地区新石器时期的三个文化类型的不同文化特色的时空流序的交汇、融合与发展,亦显现了中国文化的多区域的多元一体发展脉络。

2. 文明的形成——夏商周时期

随着生产的发展,原始社会内部产生了私有制和阶级,中国历史进入了阶级社会。中国新石器文化是中国古代文明的源泉。以中原为核心的一脉相承的新石器文化,与后来青铜时代的商周文化紧密相连,并同周围地区有着密切的交互影响,是中国历史连续发展的具体例证。

夏、商、周三代是中国文明形成的重要阶段。此前,十堰境内夏商周时期文化面貌不清,西周文化也发现较少,尚属待填补的空白。辽瓦店子等遗址发现的大量夏商周时期的遗迹、遗物,填补了该地区考古文化的空白,初显了早期楚文化的端倪,同时也衔接了该地区夏商周文明步履的链条。乔家院墓群、丹江口北泰山庙战国墓葬及陪葬车马坑,为探索诸国历史文化提供了弥足珍贵的考古资料。

3. 文明的发展——秦汉以后

经过了漫长的连年战乱和纷争不休的春秋战国诸侯割据时期,中国社会逐渐走向了大一统的时代——秦汉。秦汉至明清时期的众多遗迹、遗物,折射出秦汉以来有关社会政治、经济、民俗民风的大量信息。唐代京畿(现西安)之外唯一的皇室家族墓地——李泰家族墓地,是唐王室政治斗争的重要历史见证;明代大修武当,成就了以世界文化遗产武当山古建筑群为代表的武当文化。

(资料来源:整理自十堰博物馆官网。)

## 三、推荐线路

(1) 踏访人类老家之旅:郧阳博物馆—十堰博物馆。

(2) 华夏文明之旅:大寺遗址—青龙泉遗址—郭家道子遗址—辽瓦店子遗址—乔家院墓群—上庄遗址—韩家洲遗址。

(3) 通史地域之旅:郧阳博物馆—辽瓦店子遗址。

# 高中：究"两进"之奥秘

# 主题八 生物演进之旅

## 一、课程简介

研学主题：古生物起源与演进。
研学课程：生物演进之旅。
研学要义：感知生物进化，认知地质年代。
研学基地：湖北沧浪山国家森林公园、郧阳湖国家湿地公园、云盖寺绿松石国家矿山公园。
活动时间：1—2 天。
课程融合科目：地理、生物、综合实践活动、地方课程、校本课程等。

## 二、课程资源

### 生物演进　物竞天择

50 亿年前，引力将尘埃和岩石聚合形成地球；39 亿年前，地球上出现了水；35 亿年前，细菌形成，吸收二氧化碳形成氧气，生成葡萄糖；5.4 亿年前，生物出现，此时的海洋中有数万种生物，如三叶虫、奇虾、皮卡虫等，而陆地只有藻类植物；2.5 亿年前，生物进入大量繁殖时代，随后西伯利亚大规模火山喷发导致二叠纪时期 95% 生物灭绝；三叠纪时期，恐龙出现；6500 万年前，哺乳动物出现，恐龙灭绝；150 万年前，直立人出现；7 万年前，智人出现，人类文明逐渐壮大，并发展至今。

一场场的灾难，总是伴随着一场场的巧合，而一种生物的灭绝，便有另一种生物的产生，接着演绎另一段精彩的篇章。地球上的生命经历了从低等单细胞生物向高等多细胞生物，从水生到陆生，从无脊椎类向有脊椎类演变的过程。

自前寒武纪物种大爆发伊始，生物的演化一直遵从自然法则，"物竞天择，适者生存"。出现于中生代三叠纪、繁盛于中生代侏罗纪的恐龙，终因地球造山运动加剧，气候与植被发生巨大变化而灭绝于白垩纪晚期。

在这场造山运动中，大自然充分发挥它的神力，使沧海横流，地崩山摧，火山喷发，烈焰滔天……地球变得面目全非。但神奇而又威力无比的大自然，在这场剧变中，似乎特别钟爱郧阳这块"风水宝地"，造山运动使郧阳成为中国版图的中心区域，几乎原封不动地保留了郧阳这片古生物宝地。

时至今日，我们仍可以在青龙山的地质遗迹中找寻自然选择的痕迹，也可以在沧浪山、郧阳湖中发现自然选择的结果。在找寻与发现的过程中，我们会了解生物演化的奥秘，也会发问：人类要如何对自然常怀敬畏之心，又如何在自然选择中长久地生存下去,这是一个值得深思的问题。

【导语】郧阳境内地貌多姿、物产丰富,在这里繁衍生息的动植物也十分丰富,它们遍布于郧阳的各个角落,为这里增添了无限生机。红豆杉、五角枫、娑罗树、大鲵、红腹锦鸡、麋鹿、汉江鱼、恐龙、"郧县人""梅铺人"……如此多姿多彩的生物源自哪里?它们是否自古就存在于地球的每个角落,陪伴着地球成长,发展成现今繁荣的景象?本专题将引你踏访坐落于郧阳的国家公园,认知、探究古生物、古地质之谜。

(一)国家森林公园——湖北沧浪山国家森林公园

湖北沧浪山国家森林公园是湖北省科普教育基地。公园位于郧阳区红岩背林场境内,东连郧阳区叶大乡,西接十堰市张湾区,南依汉江明珠堵河,北靠郧阳区鲍峡镇,三面青山叠翠,一河波光浩渺。公园因其特殊的区域环境,被誉为"秦巴山脉的绿色屏障""鄂西北地区的天然氧仓",是集生态观光、科考探险、天然氧仓、避暑度假于一体的胜地。图8-1为湖北沧浪山国家森林公园景区入口。

图 8-1　湖北沧浪山国家森林公园景区入口

(图片来源:http://www.k1u.com/jingdian/79079.html.)

湖北沧浪山国家森林公园面积约 74.67 平方千米,森林覆盖率 92%。园内有香飘万里的万亩天然蜡梅园并伴有多级瀑布,有神奇迷人的沧浪大峡谷。沧浪山主峰海拔约 1827.4 米,比武当山海拔高 200 多米,境内海拔 1000 米以上的山峰19 座。

公园区域环境独特,山形地貌丰富多样。境内植物种类达 70 科,140 属,853 种。公园境内还分布着 120 多种野生动物。沧浪山是鄂西北动植物和水资源富集的森林宝地。有珍稀植物 300 多种,其中珍贵中药材达数百种,还有许多珍贵名木,以及红腹锦鸡等珍禽异兽。

金秋时节,沧浪山层林尽染、五彩斑斓。沧浪山的秋天是丰收的季节,数十种山果成熟了,山谷弥漫着果实的芳香。猕猴桃分布在沧浪山各个角落,据了解,这里曾一年采摘了 300 吨以上的猕猴桃。这里的猕猴桃自然生长,风味独特,入口有一种微酸,随之就感觉清香绵甜,沁人心脾。每到秋季,附近游客便会三三两两,遍山寻觅山果,体验采摘的野趣。

沧浪水的源头就是沧浪山自然流淌出的水,水在沧浪山呈现出许多奇妙的景观。沧浪山主要有 4 条河流,总长 48 公里,有大小瀑布 46 处,河流周围生态环境良好,河水清澈,百泉涌水,万沟成瀑。这里有"梅花三瀑",一沟三瀑,或飞流千尺,或层层叠叠,或潺潺缓流。闲暇时席地而坐于沿途被水冲刷得光亮如镜的奇石上,观清流激湍,畅叙幽情,体验泉声咽危石,令人心旷神怡。

沧浪山本草园地占地 200 余亩,其中打造精品 10 余亩,该园于 2017 年筹资建设,特请当地有名的挖药老人选挖药苗、采集种子,在园区种植五味子、七叶一枝花、黄精等 100 多种药材和有特殊价值的植物,建成集展览、科普于一体的精品园。

### 知识链接

#### 天然蜡梅园

蜡梅是沧浪山的品牌,从太阳坡入口到沧浪梅海的近 20 千米的路程为万亩蜡梅观光带,是国内品种较全、面积较大的中华蜡梅园(见图 8-2)。园内有野生蜡梅 11000 多亩,3 块集中连片。蜡梅生长在平均海拔 800 米以上高山上,平均树高 4 米,平均胸径 12 厘米,平均冠幅 6 平方米。它们生长良好,有丛生、独杆、多杆的。其林下生长有一些耐阴的草本植物,如蕨类等。每年 12 月至次年的 3 月,蜡梅迎雪怒放时,一批批游客慕名前来只为一睹蜡梅芳容。

**图 8-2　湖北沧浪山国家森林公园中华蜡梅园**
(图片来源:http://dz.cppfoto.com/activity/showG.aspx? works=1423582.)

"一花香十里,冬来满园开"。寒冬时节,漫山金黄,空气中飘散着时淡时浓的芳香,沁人心脾。沧浪梅海拥有"梅花三瀑"等水文景观和蜡梅原始自然群落,成片分布面积大、分布密度高、资源保存完好。

近年来,通过森林抚育,流转土地栽培,当地建成了自太阳坡至彭家庄村近 30 千米蜡梅产业带,初步采集、引进、培育 18 个品种,研发蜡梅茶、蜡梅酒、蜡梅食品、蜡梅精油等,为沧浪山建成"中华蜡梅园",发展蜡梅产业奠定了基础。

(资料来源:根据相关资料整理。)

## 知识链接

### 沧浪山赋

造化凭自然，巍巍沧浪山。避暑休闲胜地，康养赏景乐园。其脉茫茫兮，基连秦岭；其势浩浩乎，岭接巴山。北依汉水兮，南邻竹房而仰望神农之巅；西通陕渝兮，东偎车城而俯视武当仙山。峰险谷幽，天开锦绣画卷；水奇梅香，地设宜人奇观。昔藏深闺人未识，今逢盛世露真颜。实至名归，无愧国家森林公园。

群峰嵯峨，耸入云端；佳景棋布，蔚为大观。一山有四季，十里不同天。听松涛阵阵，如管弦之齐奏；观竹海茫茫，似碧浪之微澜。连片古木参天，气象万千；野生蜡梅万亩，举世罕见。三叠梅花瀑，唯闻汩汩哗哗；千级游步道，但见曲曲环环。本草谷中，广栽沧浪中草药数百味；梅博园里，遍植宇内梅花树几十款。天然杜鹃岭，花开时节，姹紫嫣红；神奇古柏树，数人合抱，龄超千年。群芳拥翠，堵河水碧；杉林闻莺，鸟语婉转。长峡幽深，窥谷忘俗；五女争春，掌故流传。穿行峡谷，鸟鸣山更幽静，蝉噪林愈安然。攀枝摘野果，俯身饮甘泉。徒步梅林，清冽泉水流石上，斑驳日影照梅间。攀爬老虎寨，四面风光收眼底，完好石寨立山巅。峰如"双蟾夺玉"，游客忍俊；山似"猛虎回眸"，百兽胆寒。林茂枝繁，天然氧吧，润肺养颜；洗尘脱俗，心灵牧场，气定神闲。登顶主峰，观云海，宛若临仙境；看日出，犹如登泰山。极目众山小，天高地广；登顶我为峰，襟阔胸宽。

神秘千佛洞，李唐以来香火未断；峰顶凌云阁，昔日风采依稀可辨。红岩绝壁，诉说岁月之久远；煤矿遗址，见证时代之变迁。涂家大院，孝老氏族人丁旺；关帝神庙，义勇品行世代传。邻里相处，诸事和为贵；家风培育，百善孝当先。土菜野蔌，原汁原味品乡愁；品牌特产，绿色环保无污染。石斛淫羊藿，重楼何首乌，悉是药里贵族；竹笋马兰头，薇菜野山药，皆为盘中美餐。佳境宜人人长寿，耄耋翁妪随处见。清风明月本无价，愿做山人不羡仙。

至若春临沧浪，玉步姗姗，暖日洋洋。河谷四月芳菲尽，沧浪山花始绽放。蜂忙蝶舞，笋嫩茶香。万木峥嵘，聚天地之灵气；群峦叠翠，凝日月之华光。闲来踏青何处？结伴直奔沧浪。

夏到沧浪，林海莽莽；俨然跨季，避暑纳凉。羽扇无需摇，空调不必装。林下浓荫蔽日，山间清风送爽。入住民宿小院，午憩尚盖薄衾；下榻游客中心，早晚仍着厚裳。无需舍近求远，避暑首选沧浪。

秋来沧浪，枫叶染霜；层林红遍，天高气爽。漫山累累猕猴桃，伸手可采；遍岭串串野山果，张口能尝。丹青妙手画不尽，醉人秋韵在沧浪。

冬访沧浪，瑞雪茫茫；千岭素裹，万壑银装。傲雪斗霜，松柏挺立；沁人心脾，蜡梅怒放。色如蜂蜡，凝自然之真气；气若芝兰，醉游客之心房。切花插瓶，三枝五枝一束，居室陡添雅韵；一月两月不凋，赠人手留余香。我欲踏雪寻梅，怎忍错过沧浪。

> 沧浪之山高兮,可以怡我情!沧浪之水清兮,可以涤我心!沧浪之风柔兮,可以宽吾怀!沧浪之境幽兮,可以安吾神!
> （资料来源:梁兴龙《沧浪山赋》,http://sywb.10yan.com/html/20190712/53540.html.)

（二）国家湿地公园——郧阳湖国家湿地公园

郧阳湖国家湿地公园位于郧阳区柳陂镇、茶店镇汉江库汊及其消落带,属南水北调中线工程核心水源区。随着南水北调中线工程建成蓄水、调水后,这里形成了宽阔的水面,因季节性水位涨落变化呈现出良好的湿地资源环境。图 8-3 为郧阳湖国家湿地公园美景。2016 年国家林业局（现国家林业和草原局）批复其为国家湿地公园试点建设单位。

**图 8-3　郧阳湖国家湿地公园美景**
（图片来源:郧阳湖国家湿地公园管理局提供。）

湿地公园规划范围东至神定河与汉江交汇口,南以 168 米等高线和长沙路为界,西至环湖路以下,北以黄家岭群岛南缘和丹江口库区省级湿地自然保护区为界。规划总面积为 1743.60 公顷（1 公顷＝10000 平方米）,现有湿地面积 1404.09 公顷,湿地率为 80.53%。其中永久性河流湿地面积为 1006.82 公顷,占总面积的 57.74%;洪泛平原湿地面积为 284.37 公顷,占总面积 16.31%;草本沼泽湿地面积为 112.90 公顷,占总面积的 6.48%。

公园规划为生态保育区、恢复重建区、宣教展示区、合理利用区、管理服务区五大功能区。具体分区为生态保育区面积为 1110.31 公顷,占总面积的 63.68%;恢复重建区面积为 444.17 公顷,占总面积的 25.47%;宣教展示区面积为 52.86 公顷,占总面积的 3.03%;合理利用区面积为 120.28 公顷,占总面积的 6.90%;管理服务区面积为 15.98 公顷,占总面积的 0.92%。

为了更好地保护好、利用好这一资源,郧阳区委、区政府坚持把保护水质作为第一要务,重点发展绿色、低碳、生态、节能、环保等生态经济,强化生态环境建设和综合治理,加快推进造林绿化、水土保持综合整治、森林生态系统保护和库周绿化带建设,打造汉江两岸百里绿色长廊和生态示范区。同时,当地注重人与自然和谐,大力发展生态旅游业,依托"武当山""源头水"两张世界级旅游名片,发挥山水一体特色,推进全域景区化建设。

### (三)国家矿山公园——云盖寺绿松石国家矿山公园

绿松石因"形似松球,色近松绿"而得名,其矿物成分为含水的铜铝磷酸盐,是世界稀有的高档宝石,宝石界将其列为十二月的生辰石,象征胜利、好运、成功。作为中国古老的传统宝石,绿松石因为其独特的色彩,在中国传统文化发展史中占有重要地位。郧阳区鲍峡镇云盖寺绿松石是世界公认的优质绿松石,被誉为"东方绿宝石",云盖寺山盛产天蓝色、湖蓝色、碧绿色等多种颜色的绿松石(见图 8-4),品质优良、蕴藏量大,出口至美国、新西兰、加拿大、泰国、日本等地。

**图 8-4 各种颜色的绿松石**

(资料来源:《湖北郧阳云盖寺绿松石国家矿山公园矿业遗迹调查与评价》。)

郧阳绿松石矿,从春秋时期到明清时期,再到近现代,已有长达数千年的开采史,是世界已知现存的较古老的绿松石矿山。从地质勘探到绿松石矿开采,再到矿山大规模开发,这里遗留了大量矿业遗迹,形成了云盖寺绿松石矿山矿业遗迹丰富、类型多样、特色鲜明的特点。

除了盛产绿松石矿以外,云盖寺绿松石国家矿山公园内气候温和,降水量充足,适宜植物生长,公园及其周边地区植物资源丰富,森林覆盖率达 89%。其中拥有国家一级保护植物银杏、桫椤,国家二级保护植物巴山榧树、金丝楠、杜仲、七叶一枝花等十余种。木本植物主要有椴树、桦树、椿树、马尾松、铁橡栎、松树、柏树、杨柳、樟树、桑树、杉树等百余种;草本植物主要有杜鹃、菊花、一枝黄花、风信子等百余种;竹类植物主要有毛竹、金竹、紫竹、水竹、苦竹等十余种;药用植物有杜仲、地黄、九子连环草、金钗石斛、七叶一枝花等几十种;经济作物主要有油菜花、板栗树、猕猴桃树、木瓜树等十余种。

优良的生态环境也为野生动物的生存与繁衍提供了得天独厚的自然条件,公园及周边地区野生动物分类为4纲(兽纲、鸟纲、爬行纲、昆虫纲)100余种,拥有国家一级保护动物原麝(獐子),国家二级保护动物苍鹰、果子狸等,三级保护动物麂子(小鹿)。哺乳纲有野猪、麂子、獐子、果子狸、野兔、鼠等多种;鸟纲有苍鹰、山鸡、雉鸡、竹鸡、斑鸠、鹧鸪等几十种;爬行纲有蛇类、蜥蜴类等多个种类;昆虫纲有蚕、蜂、蟋蟀、蝉、萤、螳螂、蜻蜓等几十种。公园内家养动物种类有猪、山羊、牛、鸡、鸭、鹅等常见品种。

云盖寺绿松石国家矿山公园是我国第一个国营绿松石矿,是世界上著名的绿松石产地和古老的绿松石矿山之一,是具有研究价值、教育功能的历史文化遗产,其自然和人文的双重属性具有重要的开发利用价值,是开展绿松石矿山开采科学研究、地质科考、生物研究、探秘自然的重要基地。

**知识链接**

**《湖北郧阳云盖寺绿松石国家矿山公园矿业遗迹调查与评价》(节选)**

1 矿业遗迹类型与分布

根据国土资源部(现自然资源部)提出的《国家矿山公园规划编制技术要求》中"国家矿山公园规划编制技术要求"的矿业遗迹类型划分方案,湖北郧阳云盖寺绿松石矿区周边矿业遗迹丰富、类型多样、特色鲜明,主要有矿产地质遗迹、矿业生产遗迹、矿业制品遗存、矿山社会生活遗迹、矿业开发文献史籍5类,26个亚类,86处遗迹点(见表8-1)。以下主要介绍其中3种遗迹。

表8-1 主要矿业遗迹分类表

| 类 | 亚类 | 遗迹名称 |
| --- | --- | --- |
| 矿产地质遗迹 | 矿床遗迹 | 云盖寺绿松石矿床 |
| | 赋矿地层 | 下寒武统灰黑色的含碳泥质硅质板岩 |
| | 构造遗迹 | 裂隙和层间破碎带 |
| | 地球化学异常 | Cu、Zn、Fe、P、Ba、Mo等元素异常分布区 |
| | 岩石遗迹 | 新元古界南华系武当岩群变质岩组 |
| 矿业生产遗迹 | 采矿巷道系统 | 古矿道(清朝)、主矿洞、2号矿洞、3号矿洞、4号矿洞、5号矿洞、秦正贵矿洞、簸箕矿洞、杨成同矿洞、水池峒矿洞、马鞍桥矿洞、拐枣树矿洞、官家沟矿洞等 |
| | 运输系统 | 手推车、矿井轨道 |
| | 通风系统 | 送风系统 |
| | 供电系统 | 发电机组、输电线路、变压器、矿灯 |
| | 采掘系统 | 卷扬机、装岩机、破碎机、油罐 |
| | 洗选系统 | 蓄水池 |
| | 厂房 | 工艺厂、机修厂、变电站、油库 |

续表

| 类 | 亚类 | 遗迹名称 |
|---|---|---|
| 矿业生产遗迹 | 尾矿 | 矿厂北侧尾矿库、泗水沟尾矿库 |
| | 矿山恢复治理工程 | 排洪沟、边坡覆绿、土地复垦 |
| 矿业制品遗存 | 古代艺术品 | 乔家院墓群绿松石饰品、春秋越王勾践剑、清朝乾隆绿松石鼻烟壶、敦煌壁画、大昭寺壁画、北京故宫镶嵌绿松石配饰 |
| | 近代艺术品 | 二十世纪六七十年代工艺品及其出口艺术品、雕塑《李时珍武当采药》、绿松石毛主席雕像、绿松石原矿摆件 |
| | 现代艺术品 | 现代摆件、饰品 |
| 矿山社会生活遗迹 | 建筑遗迹 | 矿厂大门 |
| | | 矿工宿舍、主办公楼、花坛 |
| | | 领导生活区、招待所、家属生活区、早期办公室及医务室、矿厂学校、电影院、疗养院、商店、食堂 |
| | 交通工具 | 班车、老上海牌轿车 |
| 矿业开发文献史籍 | 著作 | 《襄阳道绿松石报告》《石雅》《古矿录》《郧县地矿》《东方圣玉绿松石》 |
| | 图纸 | 矿道图、地形图、地质图、遥感卫星图 |
| | 勘探调查报告 | 《湖北省郧阳地区绿松石矿地质调查报告》《湖北省郧阳区云盖寺绿松石矿2005年度矿产资源储量检测地质报告》 |
| | 研究文献 | 《鄂西云盖寺地区固态流变构造群落及其对绿松石矿的控制作用》等 |
| | 照片 | 二十世纪六七十年代矿工照片、劳模照片、工作照片等 |
| | 奖章 | 轻工业优秀出口产品铜质奖、各级奖状 |
| | 生产生活记录 | 矿区"抓革命,促生产"工作标语、矿工笔记、生产管理材料等 |

1.1 矿产地质遗迹

1.1.1 矿床遗迹

郧阳绿松石矿成因类型为风化淋滤型矿床,是国内乃至世界上著名的绿松石矿床,具有多种类型的找矿标识遗迹,在同种类型的矿床中具有典型性,具有较好的研究和科普价值。据历史考证,郧阳绿松石矿的开采历史已经至少有3800年之久,绿松石矿产量之巨大,为社会创造了巨大的经济效益。图8-5为云盖寺绿松石原矿。

**图 8-5　云盖寺绿松石原矿**

(图片来源:《湖北郧阳云盖寺绿松石国家矿山公园矿业遗迹调查与评价》。)

郧阳绿松石矿床遗迹主要位于矿山公园中部云盖寺山体内,据 2015 年郧阳区国土资源局(现自然资源和规划局)提交的《湖北省十堰市郧阳区绿松石矿调查报告》,在云盖寺共圈定了 2 个矿体,编号为Ⅰ号矿体和Ⅱ号矿体。

Ⅰ号矿体:赋存最大标高 850 米,最低标高 730 米,距地表高度 0—150 米。矿体呈似层状产出,产状较为稳定,与岩层产状基本一致,走向近东西,倾向 350°,倾角 57°—59°。矿体长 1015 米,厚度 8.60—21.80 米,平均厚度 15.46 米,倾向延伸 0—179 米。

Ⅱ号矿体:赋存最大标高 882 米,最低标高 800 米,距地表高度 0—180 米。矿体呈似层状产出,产状较为稳定,与岩层产状基本一致,走向近东西,倾向 0—89°,倾角 38°—45°。矿体长 1022 米,厚度 7.40—26.40 米,平均厚度 18.17 米,倾向延伸 0—208 米。

1.1.2　找矿标志遗迹

(1)岩性标志。

赋矿地层为下寒武统灰黑色的含碳泥质硅质板岩,并且有含碳量较高的泥岩,当地居民将这种黑色的碳质泥岩称为"引线",这种引线的存在是找矿的导向标志。

(2)构造标志。

在赋矿地层中多有节理裂隙和层间破碎带的存在,节理和裂隙往往被泥质充填,并伴有渗水现象;石英脉和透镜体也可作为找矿的标志。

(3)矿物标志。

赋矿地层中含有黄铁矿、铜矿物、磷结核,地表褐铁矿发育,也是绿松石矿的找矿标志。

1.1.3　变质岩组遗迹

新元古界南华系武当岩群变质岩组主要分布于郧阳绿松石矿区南部,武当岩群可分为上岩组和下岩组,上岩组为变沉积岩组,下岩组为变火山岩组。

变火山岩组为区内最老的岩层(未见底)。该岩组变形强烈,见到与强变形带伴生的岩系。变质程度为高绿片岩相。组成该岩组的岩系主要为双峰式变基性-酸性火山岩类,划分为变基性火山岩和变酸性火山岩两个岩性段,下部为变基性火山岩,上部为变酸性火山岩。变基性火山岩段主要包括绿泥钠长片岩、绿帘绿泥片岩,构造非常复杂,常具条带状构造、片状构造。变酸性火山岩岩性主要为长英质浅粒岩,根据矿物组合可分为钠长浅粒岩、二长浅粒岩,具花岗变晶结构,变余凝灰结构和变余晶屑结构,块状构造。岩石中常夹有绢云母片岩、绢云石英片岩及石英岩。该组厚度大于1800米。

变沉积岩组的变形程度明显低于变火山岩组,其主要由正常沉积的砂岩、粉砂岩和泥质岩类变质而成,夹有少量的变火山岩和火山碎屑岩。该岩组由多个沉积韵律组成,各地发育程度不一。该岩组中多见大型褶皱,与前者变火山岩组相比,有较大差异,属于相对较弱构造域。主要组成岩石为长英质类的变粒岩、绢云母片岩、绢云石英片岩、二云石英绢云片岩,局部夹有灰岩等。

变沉积岩组的上部常见有含碳质的黑色薄层绢云石英片岩和条带状磷块岩,及含碳、含黄铁矿泥质粉砂岩,中厚层绢云石英片岩(泥质粉砂岩),可作为武当岩群对比的标志层。变沉积岩组底部常具有不太稳定的含砾凝灰岩或变复成分砾岩,虽然该层不具有典型底砾岩性质,但也代表一个沉积作用的开始。该组厚度大于740米。

### 1.2 矿业制品遗存

#### 1.2.1 古代艺术品

与郧阳鲍峡镇一山之隔的郧阳五峰乡乔家院村,因南水北调工程进行文物发掘时,湖北省考古专家发现该地一处春秋时期的墓群中不仅出土了铜鼎、铜剑,还出土了绿松石珠、绿松石环等工艺饰品及镶在青铜剑把、铜戈上的绿松石(见图8-6)。据《十堰古代方国》《水经注》等史料记载,郧阳五峰乡乔家院一带是春秋时期麇国的都城,考古专家鉴定,该墓群距今2200—2800年。后经地质专家鉴定,五峰乡乔家院出土的绿松石饰品石质正是鲍峡镇云盖寺山绿松石。

**图8-6 郧阳乔家院墓群出土的镶嵌绿松石的青铜剑**

(图片来源:《湖北郧阳云盖寺绿松石国家矿山公园矿业遗迹调查与评价》。)

1.2.2 近现代艺术品

(1) 雕塑《李时珍武当采药》。

用云盖寺绿松石雕刻的《李时珍武当采药》是国宝级艺术雕塑,再现了我国著名的药学家、医学家李时珍的风采,现被陈列于北京人民大会堂湖北厅(见图8-7)。

**图 8-7　人民大会堂湖北厅的绿松石雕塑《李时珍武当采药》**
(图片来源:《湖北郧阳云盖寺绿松石国家矿山公园矿业遗迹调查与评价》。)

(2) 绿松石毛主席雕像。

著名工艺大师王德林于1968年采用云盖寺绿松石精雕的一尊毛主席雕像(见图8-8),是世界上唯一用绿松石雕刻的毛主席像,现作为郧阳博物馆的镇馆之宝。

1.2.3　现代艺术品

《武当朝圣图》绿松石雕塑如图8-9所示。

这件高44厘米、重达28千克的绿松石雕塑取材于云盖寺绿松石,曾在1994年荣获"中国一绝"称号,并获得国家经贸委(现商务部)等7个部委联合颁发的荣誉奖"真绝杯",为国宝级展品。雕刻大师袁嘉骐按玉料的自然纹理,采用兼工带写的手法,将朝圣人物刻画得栩栩如生、惟妙惟肖。他在作品的正阳面雕刻了87位仙人游山朝圣,人物造型雍容华贵中显露出仙风道骨,刀斧琢迹中透着吴带当风之神韵。作品的背阴面则设计了武当月色、金殿高耸、青松翠柏、亭台楼阁、小桥流水、百鸟投林及朝圣者夜归等意境。整个作品气势磅礴,于宏伟庄严中蕴含着浩渺幽深的仙气。一种超凡脱俗、远离红尘、云雾绕身之感直逼观者。《武当朝圣图》一经面世，就被行业内外公认为艺术杰作和旷世瑰宝。

**图 8-8　郧阳博物馆陈列的绿松石毛主席雕像**
（图片来源：《湖北郧阳云盖寺绿松石国家矿山公园矿业遗迹调查与评价》。）

**图 8-9　《武当朝圣图》绿松石雕塑**
（图片来源：《湖北郧阳云盖寺绿松石国家矿山公园矿业遗迹调查与评价》。）

### 1.3　矿业开发文献史籍

#### 1.3.1　勘探开发报告

关于郧阳云盖寺绿松石矿的勘探开发报告主要有《湖北省郧阳地区绿松石矿地质调查报告》《湖北省郧阳区盖寺绿松石矿 2005 年度矿产资源储量检测地质报告》等，这些报告为云盖寺绿松石找矿指明了方向，是绿松石矿勘探与开发的重要科学资料，发挥了重要的作用。

#### 1.3.2　图纸

涉及郧阳绿松石矿的图纸资料主要有矿道图、地形图、地质图、遥感图等，这些图纸是矿床勘探与开发的必备图件。

#### 1.3.3　矿志

涉及郧阳绿松石矿的矿志资料主要是《郧阳地矿》（见图 8-10）等。

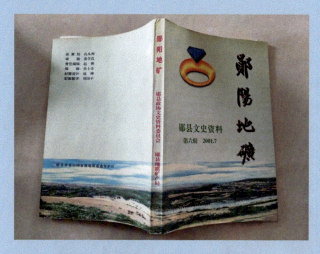

**图 8-10　《郧阳地矿》书籍**

（图片来源：《湖北郧阳云盖寺绿松石国家矿山公园矿业遗迹调查与评价》。）

#### 1.3.4　研究文献与著作

系统地研究郧阳绿松石的著作主要是蒋显福于 2006 年编写的《东方圣玉绿松石》（见图 8-11）。此外还有较多针对鄂西北乃至郧阳云盖寺绿松石学术论文，如王家生等 1996 年发表的《鄂西云盖寺地区固态流变构造群落及其对绿松石矿的控制作用》，涂怀奎 1996 年发表的《陕鄂相邻地区绿松石矿地质特征》，佘玲珠等 2009 年发表的《利用稀土等微量元素示踪鄂西北一带古代绿松石的产地》，薛源等 2013 年发表的《鄂陕地区绿松石宝石学特征分析》等。

#### 1.3.5　人物

云盖寺绿松石矿在生产时期涌现出大批劳动模范和先进工作者，他们为了完成国家创外汇的任务，任劳任怨，突出代表了当时那股敢干肯干的奉献精神。尽管可能名声不显，但郧阳绿松石矿的优秀工人代表了郧阳人民艰苦奋斗的品质。

图 8-11 《东方圣玉绿松石》书籍

(图片来源:《湖北郧阳云盖寺绿松石国家矿山公园矿业遗迹调查与评价》。)

#### 1.3.6 矿厂荣誉

郧阳绿松石矿工艺、绿松石工艺品曾获中华人民共和国轻工业部(现中国轻工业联合会)于1988年颁发的"轻工业优秀出口产品铜质奖";郧阳绿松石矿曾获湖北省总工会、湖北省劳动局(现湖北省人力资源和社会保障厅)和湖北省卫生局(现湖北省卫生健康委员会)联合颁发的奖状,并多年获郧阳区"先进单位"称号。

图 8-12 所示为郧阳绿松石矿及工艺品所获荣誉。

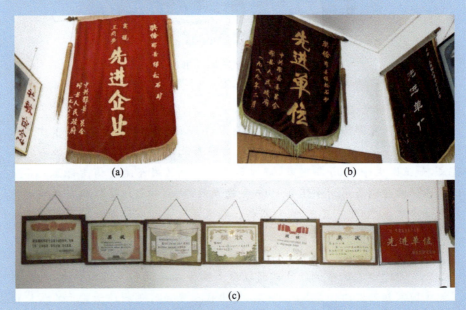

图 8-12 郧阳绿松石矿及工艺品所获荣誉

(图片来源:《湖北郧阳云盖寺绿松石国家矿山公园矿业遗迹调查与评价》。)

## 2 矿业遗迹等级划分与评价

湖北郧阳绿松石矿是我国第一个国营绿松石矿,是世界上著名的绿松石产地之一,是世界上较古老的绿松石矿山,是具有研究价值、教育功能的历史文化遗产。其自然和人文的双重属性,具有重大的开发利用价值,可供游览观赏和作为现代绿松石矿山开采的科学研究和实习考察的基地。

### 2.1 定性评价

郧阳绿松石品质优良,是世界公认的优质绿松石,尤以云盖寺绿松石为佳。近年来,绿松石在珠宝界和文玩市场中如同一匹黑马,受到众人追捧,价值一路上扬,部分高端产品的价值甚至比黄金还要高十余倍。

#### 2.1.1 稀有性

(1)云盖寺绿松石开采史长达三千余年,是世界已知现存的最古老的绿松石矿山。

2002年,叶晓红等在考察鄂、豫、陕绿松石矿的北矿带和南矿带的基础上,对二里头遗址出土的绿松石样品和采集样品进行铜同位素组成、稀土元素配分、显微结构、化学成分及物相等分析。检测结果显示,云盖寺绿松石矿是二里头遗址出土绿松石的矿源之一。因此,云盖寺绿松石矿的开采史提前至3500—3800年前。此外,在郧阳五峰乡乔家院墓群中也出土了2200—2800年前的云盖寺绿松石饰品。

(2)云盖寺绿松石是民族融合、"一带一路"文化与交流史上的重要见证。

在世遗存的世界级文物均有云盖寺绿松石的身影,从春秋时期的越王勾践剑到清朝乾隆绿松石烟鼻壶,从甘肃敦煌莫高窟到西藏大昭寺,从东亚、中亚到西亚、欧洲,云盖寺绿松石沿丝绸之路为中华文明史不断增添光彩,为传播中华文明,促进国际交流做出了重要贡献。中华人民共和国成立后,其又通过海上丝绸之路,创下上亿美元的外汇。因此,云盖寺绿松石是"一带一路"的活化石。

(3)云盖寺山上的绿松石矿是我国唯一一家国营绿松石矿山。

1949年以来,郧阳绿松石矿山成为我国唯一一家国营绿松石矿山。随着开采规模和产量的不断扩大,该矿成为我国绿松石的主产区。据《郧县地矿》记载,从1954年到1999年,绿松石总产量为800余吨,绿松石产品从广东出海,远销欧美等发达地区,累计创汇3亿美元,最高年产量达30吨,年产值达1200万元。

#### 2.1.2 典型性

(1)云盖寺绿松石是典型的沉积淋滤型矿床,典型的找矿标志一直是矿产勘探的重要参考指标。

绿松石是一种含铜的磷酸盐矿物,即由含铜、铝、磷等元素的沉积岩,经地下水淋滤的作用将铜、铝、磷等元素沿岩石裂隙集中到岩石的凹洞中,在近地表的矿脉中沉淀形成的矿物结核。云盖寺绿松石主要产在碳质、硅质岩层中,含矿地层的时代是距今约5亿年前的寒武纪,是秦岭地槽浅海环境下形成的典型沉积淋滤型矿床。

赋矿地层为下寒武统灰黑色的含碳泥质硅质板岩,此类地层为该地区的特有地层。在赋矿地层中,多有裂隙和层间破碎带的存在。含矿地层中岩石节理发育,断层中多夹有泥质,并伴随渗水现象。在赋矿地层中,当地居民将黑色的碳质泥岩称之为"引线",这种"引线"作为找矿的标志,准确性极高,在民间从古代一直沿用至今。

(2) 云盖寺山上的绿松石矿山遗存丰富,其拥有复杂的采矿巷道系统,巷道总长度超过100千米,至今仍能畅通出入,代表了早期采矿工艺的成熟与安全。

遗存的清朝古采矿巷道一处,现代矿井数十个,构成的复杂采矿巷道系统至今仍能安全出入。采矿所用的采掘工具、通风系统、供电系统以及运输系统均保存完整。采矿时期的矿工笔记、生活日记、工作资料以及矿山地质资料、开采史料也都系统完整地保存下来。1949年以来,郧阳绿松石矿山采矿工人数量最高达3000余人,现存的矿区电影院、办公室大楼、工艺品加工车间、职工宿舍、招待所、矿区学校、家属生活区、交通车等至今都保存完好。

(3) 云盖寺绿松石工艺品极富民族和地方特色,在中国具有代表性。

最具代表性的是现陈列于人民大会堂湖北厅,用云盖寺绿松石雕刻的《李时珍武当采药》国宝级艺术雕塑。还有著名工艺大师王德林于1968年用绿松石精雕的毛主席像,现为郧阳博物馆的镇馆之宝。此外,1994年,当时世界上最大的一块天然绿松石在云盖寺山产出,长82厘米,宽、高各29厘米,重66.7千克,现也陈列于郧阳博物馆。

### 2.1.3 观赏性

绿松石又叫"松石",是世界上稀有的珍贵宝石品种之一,有着几千年的灿烂历史,其美丽的色彩、多变的纹理、独特的质地,一直以来都给人一种简单、原始、质朴的美感。

云盖寺绿松石色彩丰富,有天蓝色、淡蓝色、绿蓝色、绿色、黄色、带绿的苍白色、菜籽黄、青黄色、菜绿色等。其中云盖寺绿松石的蓝色是一绝,云盖寺的高蓝,被称作鲍峡蓝,其颜色纯正、含蓄,料子非常稳定,亮度高,是我国唯一一个能与美国睡美人绿松石颜色相媲美的绿松石。

云盖寺绿松石工艺品以摆件、饰品为主,其大块雕件及观赏摆件的用料是目前其他任何一个矿洞都无法比拟的。

从医学的角度来说,现代矿物医学研究已经证明,纯天然绿松石含有多种人体所需的微量元素,长期佩戴绿松石饰品能促进细胞再生,增强免疫力,强壮身体,具有祛病除邪,稳定情绪,增加大脑反应力等功效。长期佩戴绿松石有清热、消炎、镇静、降血压的特殊功效。

### 2.1.4 科研科普和历史文化价值

郧阳绿松石矿拥有悠久的开采史,是从长期依靠人工经验向科学探索、科学管理转变的发展史,是中国文化向国际传播的交流史,是审美意识的理论形态在中国古代及近现代的发生、发展史。

郧阳绿松石矿,其内各种矿业遗迹典型独特,保存完好,通过修复,具有极强的科普价值,为绿松石矿业文明、地质学、勘探学、绿松石开采工艺、加工工艺、废物利用及矿山地质环境恢复治理的科学研究和教学提供了良好的场所。

(1) 科学探矿、采矿的博物馆。

郧阳绿松石矿是中国几千年来绿松石矿开采的历史见证,是具有研究价值和教育功能的历史文化遗产。云盖寺绿松石矿的探矿、采矿、选矿、矿业废物利用历史,经过了从人工经验向科学化转变的过程,建立了一系列具有典型性、稀有性及代表性的技术。大量珍贵的照片和文献资料大多具有稀有性、典型性及较高的科学价值和历史文化价值。因此,我们可以通过对矿业遗迹的展示向游客普及云盖寺绿松石采掘工业的历史与技术,这具有重要的科普教育意义。

(2) 科研科普的场所。

云盖寺绿松石矿山公园内储矿地层剖面出露相对完整,对绿松石形成、绿松石对比以及区域古地理环境等方面的研究具有重要意义,能够为相关学科提供有力的理论依据,以及为游客普及绿松石成因、开采等方面的科学知识提供科学场所。

### 2.1.5 旅游开发价值

云盖寺绿松石矿山公园位于湖北省十堰市郧阳区境内,地处汉江中上游秦巴山区,史有"鄂之屏障,陕之咽喉,蜀之外局"之称。公园东依仙山琼阁道教圣地武当山,南接茫茫原始森林神农架,西连巍峨绵延的秦岭山脉,北临奔腾不息的古老汉江,是鄂西生态旅游圈的黄金点。

公园交通便利,区位优越。周边的316国道、209国道、十天高速(福银高速)交织,公园公路网密集。襄渝铁路、汉十高铁缩短了公园与各大城市的时空距离。未来打造的矿业文化旅游与科普旅游,将与鲍峡镇绿松石特色小镇一起,形成"武当山—郧阳恐龙蛋化石群国家地质公园—湖北沧浪山国家森林公园—云盖寺绿松石国家矿山公园—神农架"的旅游圈,逐步实现与西安、重庆、成都等西部黄金旅游线对接。因此,公园旅游开发价值高、空间大,对促进区域经济增长具有重要意义,对有力促进秦巴山区经济发展和全面脱贫致富具有重要价值。

### 2.2 对比评价

#### 2.2.1 与国外著名绿松石矿的对比分析

世界上知名的绿松石矿主要集中在中国、美国、伊朗、埃及等国家,行业内将其并称为世界四大绿松石产地,美国、伊朗、埃及代表性绿松石矿特征见表8-2。

表 8-2　国外其他绿松石矿山评价情况表

| 矿山名称 | 绿松石矿描述 |
| --- | --- |
| 美国睡美人绿松石矿 | 美国睡美人绿松石矿地处美国亚利桑那州。因为矿山的形状貌似童话故事中的睡美人而得名。绿松石的矿产资源正日益减少,美国大多数的绿松石矿都已经封矿,仅有两家还在开采,睡美人矿是其中的一家,并且出产的绿松石质量好。此矿已有一百多年的开采历史。所出产的绿松石多为高品质松石,颜色均匀、质地细腻、一般无铁线。颜色以纯正的天蓝色和深蓝色为主。相对密度较大,一般硬度为 5—6。抛光后的光泽、质感均很像瓷器,故又称为瓷松 |
| 伊朗波斯松绿松石矿 | 波斯松产于伊朗,伊朗有多个绿松石矿区,基本质地相当,其历史最早能追溯到 5000 年前。波斯松颜色以天空蓝为上,质地、色度稳定性基本上达到完美。铁线基本有褐色、黄色、白色、黑色。如果抛开产量,只以性能、颜色、质地来评价的话,波斯松能站在全球名矿的前两位。波斯松产量很大,而且经过几千年的开发、经营,存世量是比较大的。当前波斯松已不再开采 |
| 埃及西奈绿松石矿 | 世界上最古老的绿松石矿山,位于西奈半岛,在 Wadi-maghara 山谷北侧,矿体呈细脉状,赋存于石炭纪红色的含铁砂岩和斑状岩岩浆之中。绿松石呈浅蓝色,其优质品种产于厚达 13 毫米的细脉中。从史前的坟墓中发现的珠宝可以证明,埃及人早在公元前 5500 年(即埃及第一王朝之前)就开始使用绿松石了。当前西奈绿松石矿已被采空,不再产出绿松石 |

相比于上述三国的绿松石矿,中国的绿松石矿最具代表性的就是郧阳云盖寺绿松石矿。郧阳云盖寺绿松石矿具有以下特色:

(1) 云盖寺绿松石以高瓷度、高硬度、高蓝的特点闻名于世,是世界公认的优质绿松石,被誉为"东方绿宝石",佩戴、把玩以后,颜色会逐渐变得鲜亮,给人一种灵动鲜活的感觉;

(2) 云盖寺盛产的蓝色瓷松,也叫鲍峡蓝,这种蓝色深邃而厚重,其色度稳定性极好,甚至放置几十年颜色依然明亮鲜艳,这就是宝石界所说的色度稳定性;

(3) 云盖寺绿松石常伴随"丝绸之路""文成公主进藏"等重大历史事件,是民族融合的象征,蕴含丰富的文化交流内涵。

### 2.2.2　矿业遗迹综合价值等级评价

(1) 评价指标。

公园内的矿业遗迹点(群)的定量评价,按矿业遗迹的价值评价和条件评价两方面的评价因子进行(见表 8-3),对这 2 个评价因子分别选出评价指标。

价值评价主要有科学价值、美学价值、历史文化价值、稀有性和自然完整性5个评价指标;条件评价有环境优美性、交通状况、安全性、环境容量和可保性5个评价指标。同时对2个评价因子和10个评价指标,通过专家评分法分别给出权重。

表8-3 矿业遗迹评价因子及评价指标权重

| 类型 | 评价因子 | 评价指标 | 权重 |
|---|---|---|---|
| 矿业遗迹评价 | 价值评价（0.7） | 科学价值(科研、教学、科普) | 0.3 |
| | | 美学价值 | 0.15 |
| | | 历史文化价值 | 0.2 |
| | | 稀有性 | 0.2 |
| | | 自然完整性 | 0.15 |
| | 条件评价（0.3） | 环境优美性 | 0.2 |
| | | 交通状况 | 0.2 |
| | | 安全性 | 0.3 |
| | | 环境容量 | 0.1 |
| | | 可保性 | 0.2 |

(2) 评价标准。

矿业遗迹评价因子中的每个评价指标按100分计数,划分为Ⅰ、Ⅱ、Ⅲ三个档次,并给出每个评价指标的评价内容(其中低于60分不做评价统计),制定出矿业遗迹的综合评价标准(见表8-4)。

表8-4 矿业遗迹定量分级评定

| 评价因子 | 评价项目 | 评价内容 | 评价等级 | | |
|---|---|---|---|---|---|
| | | | A≥90（Ⅰ） | 90＞A≥80（Ⅱ） | 80＞A≥60（Ⅲ） |
| 价值评价 | 科学价值 | 科研、教学、科普 | 极高 | 很高 | 较高 |
| | 美学价值 | 艺术、造型、形态 | 极高 | 很高 | 较高 |
| | 历史文化价值 | 历史文化内涵、科学史 | 极高 | 很高 | 较高 |
| | 稀有性 | 世界、国内、省内 | 极特殊 | 很特殊 | 特殊 |
| | 自然完整性 | 自然状态、破坏情况 | 完好 | 较好 | 好 |
| 条件评价 | 环境优美性 | 环境自然状态、配套景观、环境质量 | 极好 | 很好 | 好 |
| | 交通状况 | 通达性 | 便利 | 良好 | 一般 |
| | 安全性 | 地质稳定性、灾害隐患 | 很安全 | 较安全 | 安全 |
| | 环境容量 | 正常情况下的容纳游客数量 | 极大 | 很大 | 一般 |
| | 可保性 | 遗迹的保护可能性 | 易保护 | 能保护 | 可保护 |

(3) 矿业遗迹景观等级确定及划分。

计算公式：$A = \sum C_i \cdot \sum X_i$

其中：$A$ 为综合得分；$C_i$ 为 $i$ 项评价指标权重；$X_i$ 为 $i$ 项评价指标得分。

根据此公式可以计算出各类矿业遗迹点（群）的遗迹评价综合得分，再按照矿业遗迹和地质景观的重要性划分矿业遗迹点（群）等级标准，根据重要性划分为三个等级。

Ⅰ级：遗迹评价综合得分 $A \geq 90$ 分，属珍稀级。

Ⅱ级：遗迹评价综合得分 $90 > A \geq 80$ 分，属重要级。

Ⅲ级：遗迹评价综合得分 $80 > A \geq 60$ 分，属一般级。

为保证评分科学合理，郧阳区开展了资料收集和野外实际调查工作。在郧阳区政府有关部门和云盖寺绿松石矿管理人员以及矿工的配合下，我们基本收集到矿业遗迹点位、历史、照片、影像等资料。我们邀请中国地质大学（武汉）地质调查研究院、环境学院、珠宝学院、工程学院、艺术传媒学院，郧阳绿松石矿厂，中国地质调查局武汉地质调查中心的多位各领域专家，参照国家矿山公园矿业遗迹评价指标，对本区域矿业遗迹单体进行了打分与综合等级评价，评价结果见表8-5。

表8-5 公园主要矿业遗迹单体赋分表

| 类 | 亚类 | 遗迹名称 | 价值评价 | 条件评价 | 综合评价 | 等级 |
|---|---|---|---|---|---|---|
| 矿产地质遗迹 | 矿床遗迹 | 云盖寺绿松石矿床 | 92.85 | 85.50 | 90.65 | Ⅰ |
| | 赋矿地层 | 下寒武统灰黑色的含碳泥质硅质板岩 | 80.00 | 85.00 | 81.50 | Ⅱ |
| | 构造遗迹 | 裂隙和层间破碎带 | 73.25 | 82.00 | 75.88 | Ⅲ |
| | 地球化学异常 | Cu、Zn、Fe、P、Ba、Mo 元素异常分布区 | 74.00 | 81.20 | 76.16 | Ⅲ |
| | 岩石遗迹 | 新元古界南华系武当岩群变质岩组 | 81.75 | 86.50 | 83.18 | Ⅱ |
| 矿业生产遗迹 | 采矿巷道系统 | 古矿道（清朝）、主矿洞、2号矿洞、3号矿洞、4号矿洞、5号矿洞、秦正贵矿洞、籤箕矿洞、杨成同矿洞、水池硐矿洞、马鞍桥矿洞、拐枣树矿洞、官家沟矿洞等 | 93.25 | 85.90 | 91.05 | Ⅰ |
| | 运输系统 | 手推车、矿井轨道 | 77.55 | 83.50 | 79.34 | Ⅲ |
| | 通风系统 | 送风系统 | 73.85 | 81.10 | 76.03 | Ⅲ |
| | 供电系统 | 发电机组、输电线路、变压器、矿灯 | 76.20 | 81.50 | 77.79 | Ⅲ |
| | 采掘系统 | 卷扬机、装岩机、破碎机、油罐 | 75.85 | 79.10 | 76.83 | Ⅲ |
| | 洗选系统 | 蓄水池 | 64.95 | 78.50 | 69.02 | Ⅲ |

续表

| 类 | 亚类 | 遗迹名称 | 价值评价 | 条件评价 | 综合评价 | 等级 |
|---|---|---|---|---|---|---|
| 矿业生产遗迹 | 厂房 | 工艺厂、机修厂、变电站、油库 | 85.30 | 89.01 | 86.41 | II |
| | 尾矿 | 矿厂北侧尾矿库、涧水沟尾矿库 | 74.50 | 76.90 | 75.22 | III |
| | 矿山恢复治理工程 | 排洪沟、边坡覆绿、土地复垦 | 77.35 | 81.30 | 78.54 | III |
| 矿业制品遗存 | 古代艺术品 | 乔家院墓群绿松石饰品、春秋越王勾践剑、清朝乾隆绿松石鼻烟壶、敦煌壁画、大昭寺壁画、北京故宫镶嵌绿松石配饰 | 93.35 | 93.00 | 93.25 | I |
| | 近代艺术品 | 二十世纪六七十年代工艺品及其出口艺术品、雕塑《李时珍武当采药》、绿松石毛主席雕像、绿松石原矿摆件 | 91.00 | 91.00 | 91.00 | I |
| | 现代艺术品 | 现代摆件、饰品 | 72.35 | 64.00 | 69.85 | III |
| 矿山社会生活遗迹 | 建筑遗迹 | 矿厂大门 | 85.90 | 88.50 | 86.68 | II |
| | | 职工宿舍、主办公楼、花坛 | 84.05 | 86.50 | 84.79 | II |
| | | 领导生活区、招待所、家属生活区、早期办公室及医务室、矿厂学校、电影院、疗养院、商店、食堂 | 76.20 | 86.50 | 79.29 | III |
| | 交通工具 | 班车、老上海牌轿车 | 78.75 | 87.40 | 81.35 | II |
| 矿业开发文献史籍 | 著作 | 《襄阳道绿松石报告》《石雅》《古矿录》《郧县地矿》《东方圣玉绿松石》 | 81.65 | 81.50 | 81.61 | II |
| | 图纸 | 矿道图、地形图、地质图、遥感卫星图 | 72.75 | 79.50 | 74.78 | III |
| | 勘探调查报告 | 《湖北省郧阳地区绿松石矿地质调查报告》《湖北省郧阳区盖寺绿松石矿2005年度矿产资源储量检测地质报告》 | 77.75 | 77.50 | 77.68 | III |
| | 研究文献 | 《鄂西云盖寺地区固态流变构造群落及其对绿松石矿的控制作用》等 | 74.00 | 74.00 | 74.00 | III |
| | 照片 | 二十世纪六七十年代矿工照片、劳模照片、工作照片等 | 78.50 | 69.00 | 75.65 | III |
| | 奖章 | 轻工业优秀出口产品铜质奖、各级奖状 | 81.00 | 77.50 | 79.95 | III |
| | 生产生活记录 | 矿区"抓革命，促生产"工作标语、矿工笔记、生产管理材料等 | 79.60 | 79.00 | 79.42 | III |

读行郧阳

(4) 国家矿山公园综合评价。

根据《中国国家矿山公园建设工作指南》的要求,依托上述指标对公园进行总体评价,本研究得出了公园内主要86处矿业遗迹景点(群)的综合评价,结果如下。

Ⅰ级(珍稀级)矿业遗迹点24处,占总数的27.91%,有云盖寺绿松石矿床、云盖寺绿松石采矿巷道系统以及云盖寺绿松石古代艺术品等。

Ⅱ级(重要级)矿业遗迹点17处,占总数的19.77%,主要有云盖寺绿松石赋矿地层、南华系变质岩系组、镶嵌绿松石建筑群、云盖寺矿区交通工具以及记录云盖寺绿松石矿业书籍等。

Ⅲ级(一般级)矿业遗迹点45处,占总数52.33%,主要有构造遗迹、采掘系统、运输系统、通风系统以及研究文献等。

(资料来源:节选整理自《湖北郧阳云盖寺绿松石国家矿山公园矿业遗迹调查与评价》,由武汉大业地质环境保护有限公司于2019年11月编制。)

## 三、推荐线路

(1) 生物演进之旅:湖北沧浪山国家森林公园—郧阳湖国家湿地公园—郧阳恐龙蛋化石群国家地质公园(内容详见主题六)。

(2) 地质科考之旅:云盖寺国家矿山公园—湖北沧浪山国家森林公园—郧阳恐龙蛋化石群国家地质公园(内容详见主题六)。

# 主题九 人类进化之旅

## 一、课程简介

研学主题：古人类起源与进化。
课程名称：人类进化之旅。
研学要义：认知旧石器时代、新石器时代，感悟人类的起源与进化。
研学基地：十堰博物馆、学堂梁子遗址、梅铺猿人遗址、白龙洞遗址、黄龙洞遗址。
活动时间：1—2 天。
融合科目：历史、地理、生物、综合实践活动、地方课程、校本课程等。

## 二、课程资源

从猿到人　寻踪问迹

距今约一二千万年前，由于造山运动，地球上的地理环境和气候发生了剧烈变化，森林减少，猿类不得不寻找新的生活环境，其中有一支高度发达的猿类——古猿，被迫用越来越多的时间在森林外的地面上寻找食物，于是大约在三四百万年前，人类出现了。人类的发展经历了早期直立人、晚期直立人、早期智人、晚期智人的进化历程。

郧阳及其周边一带，是远古人类繁衍和活动的重要栖息地。研究资料表明，在这片不大的土地上，考古人员发现了"郧县人""梅铺人""白龙洞人""黄龙洞人"等古人类化石及遗迹，人类进化旅程的每一个阶段，几乎都在这里留下了足迹。其中属于直立人阶段的有"郧县人""梅铺人""白龙洞人"；属于早期智人阶段的有"黄龙洞人"。这些不同时期的远古人类共同构成了一个较完整的人类进化链，它不仅表明郧阳是远古人类进化的重要时空长廊，而且对中国现代人由中国古代猿人进化而来的观点提供了有力证据，也对探索人类进化模式提供了重要依据。特别是"郧县人"的发现，为人类的起源、演化、发展提供了重要实物资料，意义重大，堪称"国宝"，曾引起世界性的轰动。

【导语】我们是谁？我们从哪里来？我们经历了怎样的演化过程？我们真的是由猴子演变而来的吗？一直到今天，人类依然不能清晰解构人类演化的进程，但大致勾勒了人类发展的历程：几百万年以前，非洲丛林中的古猿拿起了木棒；山顶洞人在北京房山燃起了熊熊的篝火；二三百万年前，人类开始进入石器时代；一百万年前，"郧县人"在汉江边开始了繁衍生息；几千年前，人类在干旱的沙漠边缘建造了宏伟的金字塔……远古人类的故事精彩神秘,让我们走进十堰郧阳发掘的系列远古人类的家园,探究人类漫长演进的轨迹!

(一)博物展陈——十堰博物馆

十堰博物馆暨湖北南水北调博物馆,是以考古学、文物学、博物馆学为依托,进行文物收藏、文物展览、文物保护和历史研究,弘扬民族文化、进行爱国教育的现代化综合性博物馆(见图9-1)。

图 9-1 十堰博物馆全貌

(图片来源:https://www.sohu.com/a/140191949_713275.)

博物馆位于十堰市北京北路91号,造型独特、设施先进、功能完善,为地上3层建筑,展厅面积5088平方米,分为陈列展览区、综合服务区两大部分,馆藏各类文物藏品3万余件,涉及古生物化石、石器、玉器、青铜器、陶瓷器、金银器、骨器、书画、钱币、造像等十余个种类,藏有旧石器时代手斧、春秋第一玉剑、汉代陶锅等珍贵文物。博物馆于2007年7月1日建成开放,先后被授予"国家二级博物馆""国家AAAA级旅游景区""湖北省爱国主义教育基地""湖北省首批中小学环境教育社会实践基地"等荣誉称号。

十堰博物馆常设展览有"走入恐龙时代""远古人类家园""仙山琼阁武当山""十堰与水""车与十堰"五个主题展厅和南水北调湖北库区出土文物展。

## 【研学点1】"走入恐龙时代"主题展厅

"走入恐龙时代"主题展厅(见图9-2)以十堰地区出土的恐龙化石、恐龙蛋化石为依托,向观众传播关于恐龙的科学知识,如恐龙的生存环境、恐龙的繁衍、恐龙的种类、恐龙的习性和恐龙的灭亡之谜。十堰恐龙蛋化石数量大、种类多、埋藏浅,在国内外罕见。十堰市郧阳区发现的"龙蛋共存"现象对研究恐龙的生存及灭绝等有重要价值。

图 9-2 "走入恐龙时代"主题展厅
(图片来源:http://www.meet99.com/jingdian-shiyanbowuguan-133196.html.)

【研学点 2】"远古人类家园"主题展厅

"远古人类家园"主题展厅(见图 9-3)主要以十堰出土的古人类化石、伴生动物化石及石制品为依托,向参观者普及人类起源、进化和文明发展的知识。十堰发现的多处不同阶段的古人类化石遗址,分布广、数量大、时间跨度长,为中国现代人由中国古代猿人进化而来的观点提供了有说服力的证据,对中国现代人源于非洲的"非洲起源说"提出了反证,对探索全人类的进化模式提供了重要依据。

图 9-3 "远古人类家园"主题展厅
(图片来源:http://www.meet99.com/jingdian-shiyanbowuguan-133197.html.)

【研学点 3】"仙山琼阁武当山"主题展厅

"仙山琼阁武当山"主题展厅主要介绍武当山的历史沿革、建筑文化,从独特的角度展示世界文化遗产——武当山古建筑群的文化内涵和文化特性。其以天柱峰为方向,从丹江口到天柱峰沿神道按"人间""仙山""天国"三大空间延展,具体指从均州(今丹江口市)至玄岳门为"人间",从玄岳门到南岩为"仙山",从南岩至天柱峰为"天国",将人、地、天融合为一个和谐的整体"道"。

### 【研学点 4】"十堰与水"主题展厅

"十堰与水"主题展厅主要介绍十堰市的水资源、古代水利工程,以及"南水北调"中线工程丹江口水库引水工程等。

### 【研学点 5】"车与十堰"主题展厅

"车与十堰"主题展厅(见图 9-4)按照时间顺序,分三个单元展示了十堰与东风汽车的共生共荣,以及 40 余年来的改革发展历程。十堰是以汽车工业为主的新兴工业城市,其与东风汽车共同谱写了民族汽车工业的辉煌篇章,被称为"车轮上的城市"。20 世纪 60 年代,在毛泽东主席"要建设第二汽车厂"的宏伟目标下,十堰沉寂千年的群山被一个伟大的时代、一项伟大的事业所唤醒。1966 年,第二汽车制造厂落户十堰,从而开始了中国又一个民族汽车工业基地的建设,十堰这个偏僻而古老的城市,也因车而建,因车而兴,发展成为一座现代化的汽车城。

图 9-4 "车与十堰"主题展厅

(图片来源:http://travel.qunar.com/place/poi/9197454.)

### 【研学点 6】南水北调湖北库区出土文物展

南水北调湖北库区出土文物展以近年来文物保护工作成果为内容,以历史时间为序,分 3 个单元展示了十堰地区出土的部分精品文物。

整个场馆的展陈融合了古老的传统文化与现代工业文明,提炼了区域文化精华,弘扬了时代主旋律,采用声光电等高科技,以多互动、大场景的现代陈列展示方式和手段,多角度展示了十堰绚丽多彩的史前文化、古人类文化、水电文化、汽车文化和博大精深的武当文化。

> **知识链接**
>
> **古猿怎样变成人**
>
> 从古猿到人经历了几百万年的漫长演进，在这个过程中出现了阶段性的五种形态：猿、早期直立人、晚期直立人、早期智人、晚期智人。其明显的变化是从四肢行走到解放出上肢变为两肢行走，从下肢弯曲行走到直立行走，从两手空空到学会使用工具。
>
> 目前一般推测，作为人类祖先的古猿原来都是在树上生活的。当全球范围内森林变得稀疏，森林中食物资源减少时，有一支高度发达的猿类——古猿，被迫用越来越多的时间在森林外的地面上寻找食物。这些地方并不安全，古猿没有尖牙利爪，也不能快速奔跑以躲避猛兽的侵害，他们只能尽量发挥上肢的作用，手握石块或以树枝当武器来保卫自身，或者用石片和树枝做工具，挖土里的块根，猎取弱小的野兽。在这种情况下，自然要用两腿负担起行动的功能。于是，其手越来越灵活，腿越来越粗壮，并独自担起身体行动的功能。
>
> 同时，脊柱形成了人类特有的弯曲，头骨移到了脊柱的上方，这时的人类开始脱离一般动物的范畴。古猿双手使用自然工具的劳动促进了脑的发展，同时，这又反过来使得劳动更加熟练、灵巧。劳动和脑力相互促进着，使得人类的进化过程由低级向高级不断地发展，人类的大脑也逐渐发达起来。
>
> 脑的发展为思维的发展提供了物质基础。思维发展到一定阶段人类就开始利用自己的智慧和创造力来制造工具。为了与自然界对抗，它们发挥群居的力量，通过语言交流情感，一步步走上了向人类过渡的路程。
>
> （资料来源：根据十堰博物馆官网相关资料整理。）

（二）解密人类进化——十堰市系列古人类活动遗址

**1. 学堂梁子遗址**

学堂梁子遗址又名"郧县人"遗址，位于郧阳区青曲镇弥陀寺村，地处汉江与支流曲远河交汇处。图9-5为学堂梁子遗址发掘现场。学堂梁子遗址主体位于汉江左岸的四级阶地，海拔高程为200米，附近汉江水面高程为150米，顶部距汉江水面的相对高程为50米。学堂梁子顶部东西长约540米，南北宽约230米，顶部总面积约124200平方米。学堂梁子遗址是中国迄今为止发现的最早的古人类头骨化石与旧石器时代并存的古遗址，填补了元谋人与北京人之间的空隙，在世界旧石器时代考古学研究和古人类学研究中占有非常重要的地位。学堂梁子遗址还是汉江地区发现的直立人化石中时代最早、保存最完整的古人类遗址。

1989年5月和1990年6月，考古人员分别在郧县曲远河口学堂梁子发现了"郧县人"1号和2号头骨化石，"郧县人"的时代为早更新世晚期，距今约100万年，属于晚期直立人。"郧县人"特征与中国古人类化石相一致，与中国古人类有着明显的传承和发展关系。将"郧县人"头骨化石与迄今为止在我国境内发现的直立人

**图 9-5　学堂梁子遗址发掘现场**

（图片来源：http://baike.baidu.com/view/1596092.htm.）

头骨化石进行比较后发现，其头盖骨部分与"蓝田人""和县人"接近，与"北京人"脑颅部分略有不同，与"大荔人""金牛山人"相比区别更明显。图9-6为"郧县人"头骨化石。

**图 9-6　"郧县人"头骨化石**

（图片来源：http://blog.sina.com.cn/s/blog_51ec9abf0102wxsl.html.）

  它是研究晚期直立人与早期智人之间传承关系的珍贵标本，是探讨现代人起源的重要环节，有助于追寻人类发展演化的轨迹。它的发现具有重大的学术价值，是中国古人类学的重大发现。

  该遗址同时还出土有蓝田金丝猴、豪猪、虎、豹、斐氏猫、古豹、獾、桑氏鬣狗、武陵山大熊猫、云南马、中国貘、犀、黑鹿等20余种哺乳动物化石，以及200多件石制品。这些丰富的遗物为研究世界人类起源与演化、中国及东亚地区早期人类文化及第四纪古地理环境提供了非常重要的材料。

  该遗址包含石制品及动物化石的地层堆积厚达9米，出土的石制品与南方广大地区发现的石制品有较多的共同点，从现有的材料判断，学堂梁子遗址发现的石制品比较接近南方广大地区发现的石制品，这一地点的材料具有较为充分的年代证据。

从伴出的哺乳动物化石来看,学堂梁子遗址发现的哺乳动物群,在性质上很接近蓝田公王岭和山西芮城合河,它们的时代大致相当,都可划归为早更新世晚期,距今100万年左右。从哺乳动物化石的研究来看,郧阳动物群具有南北过渡地区的特点,这对探讨我国早更新世动物群的演变和迁徙、气候环境的变化来说都是重要的信息。

"郧县人"头骨化石的发现,是我国古人类中除北京人以外的最重要的发现。从古人类学上说来,该发现不仅增加了人类化石的新材料,而且其形态特征为探讨系统地位的归属和中国远古人类的演化模式提供了重要例证。学堂梁子遗址被选为"七五"期间全国十大考古新发现和1990年全国十大考古新发现,2001年6月其被国务院批准为第五批全国重点文物保护单位,并编制完成《湖北省郧县学堂梁子遗址保护规划》。

2020年11月27日,全国近30名专家学者在郧阳区召开"郧县人"头骨化石发现30周年学术研讨会。与会专家建议,为了进一步研究、论证其文化遗存的科学价值与学术地位,应加大对遗址的系统考古调查和发掘,增强该地区远古历史信度,丰富其历史内涵。业内专家呼吁,应加速学堂梁子考古遗址公园的规划与建设,筹建遗址博物馆,使远古的历史场景得以活化;期待遗址成为科研、科普、研学游的基地,成为游人向往的热土、学生的校外课堂。

## 知识链接

### "郧县人"的石制工具

学堂梁子遗址出土的文化遗物只有石制品,共207件,一部分采自地表,一部分出自地层中。石制品所用的原料有石英、砂岩、灰岩和火成岩4种,石制品类型中有石核、石片、砍砸器、刮削器、石锤、碎片(碎块)和有打击痕迹的石块(砾石)7类。值得注意的是,打片以锤击法为主,存在砸击的石锤及锤击产生的坑疤,未见系统修理台面的石片,但存在有疤台面的石核,砾石石器多而石片石器少,石制品中有24件标本可以拼合并联成10组。大量的石英碎片和可拼和标本的存在表明,"郧县人"就是在这里制造石器,遗留下的石制品属于原地埋藏的堆积。

此外,在学堂梁子遗址出土的诸多石器中,考古人员发现了手斧,这表明"郧县人"已经脱离了砍砸器阶段,生产力有了很大的提高,这也否定了西方学者关于中国没有手斧文化的论断。手斧是旧石器时代一种具有特色的工具,主要发现在欧洲、非洲及西亚一带,在我国旧石器时代遗存中只有丁村等极少处遗址有所发现,因此国际学术界较普遍认为,旧石器时代早期中国仍处于落后的"砍砸器文化圈"。而学堂梁子遗址中手斧的发现比欧洲早了50万年,这是对西方学者错误观点的有力回击。

(资料来源:根据相关资料整理。)

## 2. 梅铺猿人遗址

梅铺猿人遗址(见图 9-7),又名龙骨洞,地处秦岭余脉东段南麓,位于梅铺镇杜家沟。洞穴东、西、南三面岗峦起伏,北面有滔河蜿蜒东流,注入汉江支流丹江。其为一个较大的水平溶洞。

图 9-7 梅铺猿人遗址

(图片来源:http://dz.cppfoto.com/activity/showG.aspx? works＝136770。)

洞底高出滔河水面约 40 米,洞口朝西向北,宽 4.5 米,高 3 米,深 46 米,洞底平坦。这是一处中更新世早期古人类化石洞穴遗址。当地农民发现于 1970 年和 1973 年。1975 年夏,中国科学院古脊椎动物与古人类研究所野外考察队对这里进行了发掘,共挖掘出 4 颗猿人牙齿化石,全是左边的。一颗是左上中门齿,其余 3 颗为臼齿,齿冠都保存完好。从牙齿形态分析与"北京人""爪哇人"相近似,时间早于"北京人",距今 70 万年至 80 万年,为研究人类的起源提供了重要的物证。

洞中还伴生了猕猴、豺熊、大熊猫、獾、猫、狐、水獭、马、貘、犀牛、小猪、鹿、河狸、豪猪和龟等 20 多种动物化石。其中部分种类仍属大熊猫-剑齿象动物群。在这里生存的还有距今 60 万年至 100 万年的更新世初期的桑氏鬣狗和第三纪残存的较为古老的动物嵌齿象,由此推断龙骨洞猿人化石的时代早于北京猿人。此外还发现了一些砾石石核。这些石核上的人工打击痕迹非常清楚,利用扁平的自然砾石面为台面,连续打击,剥取石片。打击点集中,放射线清晰,具有典型的锤击法打片特征。

梅铺猿人遗址的发现和发掘,开创了鄂西北旧石器时代考古的先河,为进一步研究我国古人类的起源和发展提供了有力的实物资料,引起了社会各界的高度关注。1981 年,梅铺猿人遗址被湖北省政府公布为省级文物保护单位;2013 年,其被国务院公布为第七批全国重点文物保护单位。

### 知识链接

#### 人猿同祖

赫胥黎和达尔文等人通过人和灵长类身体构造的解剖学和胚胎学比较分析,认为人与猿最接近,人是猿类的近亲,人猿同祖。此后的人类化石考古发现证实了这种论断。但是人类在进化的过程中,进化出了一些比猿的身体更能适应直立生活的构造。例如,人和猿关于头骨、股骨的比较。

从猿到人的演进中,头骨的颜面部分逐渐缩小,向前突出的倾向弱化,变得相对扁平,眉脊退化,头盖不再低平。猿类的犬齿突出齿列,尚未"门齿化",臼齿大而有力。颌骨和颧骨之间的关节可以用于旋转研磨运动,而我们人类咀嚼食物的方式不同于猿类的这种咬合式运动。

人的股骨在骨干的后面有一条粗壮的壁柱状股骨粗线(又称股骨嵴),这是人所独有的。站立姿势要求膝关节和髋关节都保持伸直的状态,这就需要两个关节周围的肌肉能够强有力地相互协作。而这些肌肉都是附着在股骨粗线上的,正是这个原因使得股骨后方形成了成三棱状的股骨嵴。

(资料来源:根据相关资料整理。)

### 3. 白龙洞遗址

白龙洞遗址(见图9-8),位于十堰市郧西县县城以东15千米处,海拔约为500米的岗岭山地,当地人称神雾岭。

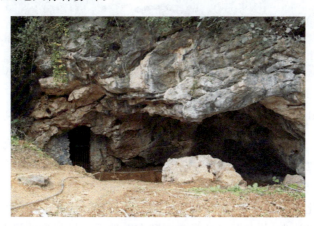

**图 9-8　白龙洞遗址**

(图片来源:http://www.360doc.com/content/11/0923/10/7776895_150571874.shtml。)

白龙洞遗址距今50万至100万年,迄今为止已在白龙洞发现8枚古人类牙齿化石,数十件古人类制作使用的石制工具,可疑的燃烧地层和烧屑等古人类活动证据,以及大量动物化石。2019年,该遗址被国务院公布为第八批全国重点文物保护单位。

洞内除发现人类牙齿化石以外,还发现了与1975年春夏在梅铺猿人遗址中发现的动物群基本相似。但有所不同的是,古老的残存种不见,新的属类如竹鼠、虎、灵猫、狼、牛、鹿等有所增加。这个动物群证明其时代晚于梅铺猿人的时代,大约与北京猿人的时代相当。洞内还发现了200多件人工打制的脉石、英石制品,器类以刮削器为主,另有小型的盘状砍砸器。

白龙洞遗址直立人牙齿化石的出土,为研究人类起源尤其是我国古人类的起源和发展,提供了可靠的实物资料。郧西县位于我国秦岭南坡,长江中游腹地,这里发现的猿人化石,进一步扩大了已知的我国早期人类分布范围,表明早在 50 万年至 100 万年前,我们祖先的足迹就已遍布黄河流域、西南地区和长江中游的广袤地区。

### 4. 黄龙洞遗址

黄龙洞遗址(见图 9-9)位于郧西县西北 30 千米处的香口乡李师关村六组,洞穴处于秦岭东坡南段丘陵山地,为旧石器时代的洞穴遗址。洞口前有大水河。洞口高出河面约 7.8 米。洞穴后部是黄龙山。洞口面向东北,宽约 27.8 米,高 11 米,海拔高度为 601 米。

图 9-9　黄龙洞遗址

(图片来源:http://www.yunxi.gov.cn/zjyx/cyyx/jdjs/201707/t20170725_1152330.shtml.)

该遗址于 1984 年被发现,2002 年、2003 年湖北省文物考古研究所等单位对其进行了调查和复查。2004—2006 年湖北省文物考古研究所、中国科学院古脊椎动物与古人类研究所对其进行了三次科学发掘。洞穴内出土了人类牙齿化石,并伴有大量的动物化石。据专家测定,该遗址当属旧石器时代的晚期,距今 5 万年至 10 万年。目前可以认为,黄龙洞遗址是中国和东亚地区较早的晚期智人遗址。

黄龙洞遗址发现的古人类牙齿化石的石化程度较轻,其特征与晚期智人比较接近,表现出了介于中国直立人和中国现代人之间的特征,体现了两者相关的连续性特征,对研究中国古人类的演化进程和现代中国人起源等,都有着极其重要的价值。考古专家称,这一发现为中国现代人是由中国古代猿人进化而来的学术观点提供了有力证据。黄龙洞遗址人类化石已被命名为"郧西人"。

黄龙洞的文化遗物主要包括石质遗物和骨、角制品两类,共计 43 件。其中石质文化遗物 23 件,类型包括有石核、石片、石器等。其中石器又包括刮削器、砍砸器、尖刃器和石锤等。骨、角制品总计 20 件,骨制品占多数,角制品为个别。黄龙洞内还有多种鼠类、蝙蝠、鬣狗、虎、狼、熊、剑齿象、中国犀、苏门羚、华南巨貘和大熊猫等动物化石。与古人类化石同层出土的大量动物化石,对我们进一步认识和研究古人类生活环境及环境变化具有重要意义。

> **知识链接**
>
> **晚期智人**
>
> 　　晚期智人也称为现代智人,即解剖学上的现代人。南非等地区发现有一些距今约一二十万年的晚期智人遗址,因此,非洲被某些人类学家认为是全世界现代人发源地。中国及东亚地区虽然发现有较多古人类化石,包括直立人、早期智人化石等,但缺少晚期智人较早阶段的化石,这一稀缺成为中国和东亚地区人类连续演化理论的障碍。
>
> 　　因此,在中国或东亚地区出土的古人类化石,被认为是解决中国或东亚地区现代人来源的基础。而湖北省十堰市黄龙洞遗址的发现,填补了东亚地区早期智人向晚期智人演化过程中的缺环位置,对研究中国和东亚地区人类的连续演化、中国和东亚地区现代人的来源等具有重要意义。
>
> 　　(资料来源:根据相关资料整理。)

## 三、推荐线路

（1）探究人类进化之旅:十堰博物馆—学堂梁子遗址—梅铺猿人遗址—白龙洞遗址—黄龙洞遗址。

（2）古人类活动遗迹之旅:学堂梁子遗址—梅铺猿人遗址—白龙洞遗址—黄龙洞遗址。

# 附录 A

## 教育部等 11 部门关于推进中小学生研学旅行的意见
### 教基一〔2016〕8 号

各省、自治区、直辖市教育厅(教委)、发展改革委、公安厅(局)、财政厅(局)、交通运输厅(局、委)、文化厅(局)、食品药品监督管理局、旅游委(局)、保监局、团委,新疆生产建设兵团教育局、发展改革委、公安局、财务局、交通局、文化广播电视局、食品药品监督管理局、旅游局、团委,各铁路局:

  为贯彻落实党的十八大和十八届三中、四中、五中、六中全会精神,深入学习贯彻习近平总书记系列重要讲话精神,秉承"创新、协调、绿色、开放、共享"的发展理念,落实立德树人根本任务,帮助中小学生了解国情、热爱祖国、开阔眼界、增长知识,着力提高他们的社会责任感、创新精神和实践能力,现就推进中小学生研学旅行提出如下意见。

### 一、重要意义

  中小学生研学旅行是由教育部门和学校有计划地组织安排,通过集体旅行、集中食宿方式开展的研究性学习和旅行体验相结合的校外教育活动,是学校教育和校外教育衔接的创新形式,是教育教学的重要内容,是综合实践育人的有效途径。开展研学旅行,有利于促进学生培育和践行社会主义核心价值观,激发学生对党、对国家、对人民的热爱之情;有利于推动全面实施素质教育,创新人才培养模式,引导学生主动适应社会,促进书本知识和生活经验的深度融合;有利于加快提高人民生活质量,满足学生日益增长的旅游需求,从小培养学生文明旅游意识,养成文明旅游行为习惯。

  近年来,各地积极探索开展研学旅行,部分试点地区取得显著成效,在促进学生健康成长和全面发展等方面发挥了重要作用,积累了有益经验。但一些地区在推进研学旅行工作过程中,存在思想认识不到位、协调机制不完善、责任机制不健全、安全保障不规范等问题,制约了研学旅行有效开展。当前,我国已进入全面建成小康社会的决胜阶段,研学旅行正处在大有可为的发展机遇期,各地要把研学旅行摆在更加重要的位置,推动研学旅行健康快速发展。

## 二、工作目标

以立德树人、培养人才为根本目的,以预防为重、确保安全为基本前提,以深化改革、完善政策为着力点,以统筹协调、整合资源为突破口,因地制宜开展研学旅行。让广大中小学生在研学旅行中感受祖国大好河山,感受中华传统美德,感受革命光荣历史,感受改革开放伟大成就,增强对坚定"四个自信"的理解与认同;同时学会动手动脑,学会生存生活,学会做人做事,促进身心健康、体魄强健、意志坚强,促进形成正确的世界观、人生观、价值观,培养他们成为德智体美全面发展的社会主义建设者和接班人。

开发一批育人效果突出的研学旅行活动课程,建设一批具有良好示范带动作用的研学旅行基地,打造一批具有影响力的研学旅行精品线路,建立一套规范管理、责任清晰、多元筹资、保障安全的研学旅行工作机制,探索形成中小学生广泛参与、活动品质持续提升、组织管理规范有序、基础条件保障有力、安全责任落实到位、文化氛围健康向上的研学旅行发展体系。

## 三、基本原则

——教育性原则。研学旅行要结合学生身心特点、接受能力和实际需要,注重系统性、知识性、科学性和趣味性,为学生全面发展提供良好成长空间。

——实践性原则。研学旅行要因地制宜,呈现地域特色,引导学生走出校园,在与日常生活不同的环境中拓展视野、丰富知识、了解社会、亲近自然、参与体验。

——安全性原则。研学旅行要坚持安全第一,建立安全保障机制,明确安全保障责任,落实安全保障措施,确保学生安全。

——公益性原则。研学旅行不得开展以营利为目的的经营性创收,对贫困家庭学生要减免费用。

## 四、主要任务

1. 纳入中小学教育教学计划。各地教育行政部门要加强对中小学开展研学旅行的指导和帮助。各中小学要结合当地实际,把研学旅行纳入学校教育教学计划,与综合实践活动课程统筹考虑,促进研学旅行和学校课程有机融合,要精心设计研学旅行活动课程,做到立意高远、目的明确、活动生动、学习有效,避免"只旅不学"或"只学不旅"现象。学校根据教育教学计划灵活安排研学旅行时间,一般安排在小学四到六年级、初中一到二年级、高中一到二年级,尽量错开旅游高峰期。学校根据学段特点和地域特色,逐步建立小学阶段以乡土乡情为主、初中阶段以县情市情为主、高中阶段以省情国情为主的研学旅行活动课程体系。

2. 加强研学旅行基地建设。各地教育、文化、旅游、共青团等部门、组织密切合作,根据研学旅行育人目标,结合域情、校情、生情,依托自然和文化遗产资源、红色教育资源和综合实践基地、大型公共设施、知名院校、工矿企业、科研机构等,遴选建设一批安全适宜的中小学生研学旅行基地,探索建立基地的准入标准、退出机制和评价体系;要以基地为重要依托,积极推动资源共享和区域合作,打造一批示范性研学旅行精品线路，逐步形成布局合理、互联互通的研学旅行网络。各基地要将研学旅行作为理想信念教育、爱国主义教育、革命传统教育、国情教育的重要载体，突出祖国大好风光、民族悠久历史、优良革命传统和现代化建设成就，根据小学、初中、高中不同学段的研学旅行目标，有针对性地开发自然类、历史类、地理类、科技类、人文类、体验类等多种类型的活动课程。教育部将建设研学旅行网站，促进基地课程和学校师生间有效对接。

3. 规范研学旅行组织管理。各地教育行政部门和中小学要探索制定中小学生研学旅行工作规程，做到"活动有方案，行前有备案，应急有预案"。学校组织开展研学旅行可采取自行开展或委托开展的形式，提前拟定活动计划并按管理权限报教育行政部门备案，通过家长委员会、致家长的一封信或召开家长会等形式告知家长活动意义、时间安排、出行线路、费用收支、注意事项等信息，加强学生和教师的研学旅行事前培训和事后考核。学校自行开展研学旅行，要根据需要配备一定比例的学校领导、教师和安全员，也可吸收少数家长作为志愿者，负责学生活动管理和安全保障，与家长签订协议书，明确学校、家长、学生的责任权利。学校委托开展研学旅行，要与有资质、信誉好的委托企业或机构签订协议书，明确委托企业或机构承担学生研学旅行安全责任。

4. 健全经费筹措机制。各地可采取多种形式、多种渠道筹措中小学生研学旅行经费，探索建立政府、学校、社会、家庭共同承担的多元化经费筹措机制。交通部门对中小学生研学旅行公路和水路出行严格执行儿童票价优惠政策，铁路部门可根据研学旅行需求，在能力许可范围内积极安排好运力。文化、旅游等部门要对中小学生研学旅行实施减免场馆、景区、景点门票政策，提供优质旅游服务。保险监督管理机构会同教育行政部门推动将研学旅行纳入校方责任险范围，鼓励保险企业开发有针对性的产品，对投保费用实施优惠措施。鼓励通过社会捐赠、公益性活动等形式支持开展研学旅行。

5. 建立安全责任体系。各地要制订科学有效的中小学生研学旅行安全保障方案，探索建立行之有效的安全责任落实、事故处理、责任界定及纠纷处理机制，实施分级备案制度，做到层层落实，责任到人。教育行政部门负责督促学校落实安全责任，审核学校报送的活动方案（含保单信息）和应急预案。学校要做好行前安全教育工作，负责确认出行师生购买意外险，必须投保校方责任险，与家长签订安全责任书，与委托开展研学旅行的企业或机构签订安全责任书，明确各方安全责任。旅游部门负责审核开展研学旅行的企业或机构的准入条件和服务标准。交通部门负责督促有关运输企业检查学生出行的车、船等交通工具。公安、食品药品监管等部门加强对研学旅行涉及的住宿、餐饮等公共经营场所的安全监督，依法查处运送学生车辆的交通违法行为。保险监督管理机构负责指导保险行业提供并优化校方责任险、旅行社责任险等相关产品。

## 五、组织保障

1. 加强统筹协调。各地要成立由教育部门牵头，发改、公安、财政、交通、文化、食品药品监管、旅游、保监和共青团等相关部门、组织共同参加的中小学生研学旅行工作协调小组,办事机构可设在地方校外教育联席会议办公室,加大对研学旅行工作的统筹规划和管理指导,结合本地实际情况制订相应工作方案,将职责层层分解落实到相关部门和单位,定期检查工作推进情况,加强督查督办,切实将好事办好。

2. 强化督查评价。各地要建立健全中小学生参加研学旅行的评价机制,把中小学组织学生参加研学旅行的情况和成效作为学校综合考评体系的重要内容。学校要在充分尊重个性差异、鼓励多元发展的前提下,对学生参加研学旅行的情况和成效进行科学评价,并将评价结果逐步纳入学生学分管理体系和学生综合素质评价体系。

3. 加强宣传引导。各地要在中小学广泛开展研学旅行实验区和示范校创建工作,充分培育、挖掘和提炼先进典型经验,以点带面,整体推进。教育部将遴选确定部分地区为全国研学旅行实验区,积极宣传研学旅行的典型经验。各地要积极创新宣传内容和形式,向家长宣传研学旅行的重要意义,向学生宣传"读万卷书、行万里路"的重大作用,为研学旅行工作营造良好的社会环境和舆论氛围。

教育部 国家发展改革委 公安部<br>
财政部 交通运输部 文化部<br>
食品药品监管总局 国家旅游局 保监会<br>
共青团中央 中国铁路总公司<br>
2016 年 11 月 30 日

(注:文件中文化部和国家旅游局现为文旅部,食品药品监管总局现为市场监管总局,保监会现为银保监会。)

# 附录 B

## 湖北省教育厅等 14 部门关于印发《湖北省中小学生研学旅行试点管理办法》的通知

### 鄂教基〔2017〕11 号

各市、州、县教育局、发展改革委、公安局、财政局、交通运输局（委）、文化局、食品药品监督管理局、物价局、卫生计生委（局）、体育局、旅游局（委）、宜昌保监分局、各保险行业协会、各财产保险公司省级分公司、团委、火车站：

　　为保障全省中小学生研学旅行试点工作规范健康发展，现将《湖北省中小学生研学旅行试点管理办法》印发你们，请遵照执行。

湖北省教育厅　湖北省发展改革委　湖北省公安厅
湖北省财政厅　湖北省交通运输厅　湖北省文化厅
湖北省食品药品监督管理局　湖北省物价局
湖北省卫生和计划生育委员会　湖北省体育局
湖北省旅游委　湖北保监局　共青团湖北省委
武汉铁路局
2017 年 9 月 6 日

## 湖北省中小学生研学旅行试点管理办法

### 第一章　总　　则

　　**第一条**　为落实立德树人根本任务，规范和引导中小学生研学旅行工作的组织与实施，促进我省中小学生研学旅行活动健康发展，根据《省教育厅等 11 部门关于转发〈教育部等 11 部门关于推进中小学生研学旅行的意见〉的通知》（鄂教基〔2017〕2 号）要求，制定本管理办法。

　　**第二条**　本管理办法所称中小学生研学旅行活动是指由教育行政部门和中小学校有计划地组织安排，通过集体旅行、集中食宿方式开展的研究性学习和旅行体验相结合的校外教育活动。

第三条　开展中小学生研学旅行必须遵循的基本原则

（一）教育性原则。研学旅行活动要体现中小学生的身心特点、接受能力和实际需要，突出生动直观、形象有趣、现场操作和现场体验，将教育性、知识性、科学性、趣味性融入其中，着力提升学生社会责任感、创新精神和实践动手能力。

（二）实践性原则。研学旅行要因地制宜，呈现地域特色，引导学生走出校园，在与日常生活不同的环境中拓展视野、丰富知识、了解社会、亲近自然、参与体验。

（三）安全性原则。坚持"安全第一"，建立安全保障机制，明确安全保障责任，落实安全保障措施，做到"准备不充分不组织、条件不具备不组织"，切实保证学生安全。

（四）公益性原则。坚持研学旅行的公益性质，需要学生个人承担的费用，只能收取成本费用，不得开展以营利为目的的经营性创收，对特困家庭学生要减免费用，保障每一个学生都享有均等的参与机会。

## 第二章　组织与管理

第四条　我省中小学生研学旅行工作由省中小学生研学旅行工作协调小组统一领导，各成员单位按照各自的职责分工，研究制定相关政策。省中小学生研学旅行试点日常工作由省中小学生研学旅行工作协调小组办公室牵头，各成员单位相关处室、省校外教育管理研究会指定专人参加。

第五条　各试点地区试点工作在教育行政部门统一领导下进行，成立中小学生研学旅行工作协调小组，办公室设在教育行政部门相关科室（处）（一般在基教科），负责细化试点工作方案，确定试点学校，对各学校上报的研学旅行主题活动方案和安全预案进行核查、备案，定期检查督导研学旅行工作开展情况，发现典型，总结经验，进行推广。各地青少年校外活动中心协助做好研学旅行相关工作。

第六条　各级中小学生研学旅行工作协调小组办公室要加强对研学旅行服务单位和接待单位的管理，对资质合格、声誉良好、组织严谨、服务到位、安全保证、收费合理的服务单位和接待单位（研学旅行基地、营地）可授予相应称号并给予命名挂牌，供中小学校在开展研学旅行活动时优先选择。建立服务单位和接待单位的准入和退出机制。

第七条　各试点学校要成立研学旅行试点工作领导小组，由校长担任组长，学校德育室（大队部）、教导室、医务室、安保室人员及教师和家长代表为成员；每学期要制定研学旅行计划，确定研学旅行主题活动方案和安全预案，并认真组织实施；要认真做好工作总结和过程性资料的收集整理归档工作；加强研学旅行的宣传工作，及时上报工作进展情况和重要信息。

第八条　服务单位（指资质完备、社会信誉度高、无安全责任事故的旅行社、校外教育基地、旅游名镇名村、休闲农庄等）要按照中小学生研学旅行试点的相关文件精神，根据研学旅行内容的具体要求，制定科学合理的研学主题活动方案和安全保障方案，确保研学旅行过程中吃、住、行等方面的安全。

第九条　接待单位（指研学旅行学生所到达的目的地，如实践基地、现代企业、主题景区、特色院校、旅游名镇名村、特色农庄、体验场所等）要精心组织，确定主

读行郧阳

题,突出研学特色,编印介绍材料;要选派优秀讲解人员,按照不同年龄段学生特点和接受能力,注重知识的难易程度,区别讲解;要尽可能为学生在现场提供亲身体验和交流互动的项目和机会。

第十条 加强中小学生研学旅行审查管理。坚持属地管理原则,学校组织研学旅行活动应提前制订活动方案,报所在县市区教育行政部门审查。各试点地区市县教育行政部门,要探索研学旅行检查考核机制,将研学旅行检查考核情况纳入中小学校年度考核指标体系,对违规违纪行为进行严肃查处。

## 第三章　内容与形式

第十一条 我省开展研学旅行试点的主要内容包括参观红色革命遗迹、历史名胜、博物馆、美术馆、科普馆、健康馆、著名大学、高新企业和现代化工厂,进行自然和野外活动、国防教育、现代农业、传统文化、传统艺术创作及工艺制作、非物质文化遗产等方面的体验。研学旅行试点要循序渐进,试点期间,原则上以在当地进行为主。

第十二条 合理安排研学旅行时间。我省中小学生研学旅行试点工作利用教学时间或综合实践活动课时开展,一般情况下在3至5月、9至11月等6个月中进行。原则上每学年累计时间小学4至6年级4—5天,初中1至2年级5—6天,高中1至2年级5—7天,学校可根据教育教学计划、学生活动实际情况灵活安排。禁止学校在寒暑假及法定长假、小长假期间安排研学旅行。

第十三条 研学旅行要坚持学生全员参与的原则,并通过整年级、整班集体行动的方式进行。如学生确因自身原因不能参加者,必须由家长出具请假条,经同意后,由家长切实履行监护人的责任,在确保安全的前提下妥善安排该生的学习生活。

第十四条 各学校要因地制宜、因校制宜,结合中小学生的生活经验和生活背景,积极动员社会力量,充分挖掘社会优质公共资源,创新活动载体,拓展活动空间,丰富活动内容,构建研学旅行活动的长效工作机制。学校可自行组织或委托服务单位、接待单位共同组织实施研学旅行活动,同时可邀请家长代表、有专业技能的志愿者随行,共同做好研学旅行活动过程中的相关工作。

## 第四章　服务与安全

第十五条 各试点学校要坚持按照"安全第一"的原则开展研学旅行工作,坚持工作有计划、外出有方案、应急有预案、行前有备案、结束有总结的"五有工作"模式。各试点学校每次组织研学旅行活动要由校级领导带队,研学旅行工作领导小组相关人员参与,按年级或班级统一行动,要为每班配备不少于三人的随行教师,要安排校医或聘请医护人员随行。有条件的学校要安排掌握应急知识技能人员随队保证安全。要有针对性地对教师和学生进行安全教育,帮助他们了解有关安全规章制度,掌握自救互救知识和技能;服务单位的工作人员应具备应急知识技能,如遇突发事件能及时实施救援。保险监督管理机构负责指导保险行业提供并优化校方责任险、旅行社责任险等相关产品,并建立保险费率浮动机制,建立完善的中小学生研学旅行人身安全保险制度。

**第十六条** 参与研学旅行服务工作的运输企业应当具备合法有效的营运资质,参与研学旅行服务的交通运输工具应当具备合法有效的资质和营运证件,参与研学旅行的交通运输从业人员应当具备合法资质和有效的从业资格证明;司乘人员具有丰富的行车经验,掌握应急知识技能,具有处理突发事件的经验,服务规范,文明服务。

**第十七条** 各学校要高度重视研学旅行活动过程中的食品安全工作。服务单位必须选定安全卫生合格的餐饮单位、选购卫生安全达标的食品;家长要协助做好监督监管工作。如有安全事故发生,应及时展开救援,并立即通知相关单位和事发地的110、120,在第一时间通知公安、卫生、食品等行政主管部门,依法依规追究当事人责任。

**第十八条** 要切实安排好集体住宿,服务单位和接待单位要确保住宿的卫生达标和安全防范措施到位,必须具备应急通道、应急标识、应急工具,合理建立逃生安全区。

**第十九条** 接待单位要有接待方案和安全预案,科学合理安排接待工作,按照接待规模做到容量控制、分组体验,不得超员接待;要有合理醒目的安全提示标志,配备安全设施设备,如需要隔离时,要装配安全隔离设施,并安排专人提醒,严防学生跨越隔离设施发生意外;医务室、警务室要保证满员上岗,能及时处理突发事件。

**第二十条** 在研学旅行过程中,如遇突发事件,要按照政府应急响应机制开展救援工作,救援现场必须做到三个第一:第一时间实施现场救援,第一时间上报主管部门,第一时间请求事发地的110、120支援。如有需要医疗救治的人员,其费用应由保险公司(如遇重大事故,保险公司应加快理赔时效,预付部分赔款)、服务单位、接待单位等按照约定先行垫付医疗费,待善后工作结束后,再按照事故责任进行追偿,如有刑事责任,责任人交由公安机关依法处置。

**第二十一条** 如遇到不可抗力(如地震、泥石流、滑坡等地质灾害)或恶劣天气(如台风、大雨、大雪、雾霾、冰雹等)时,应及时取消或中断研学旅行活动(在安全区驻留、返回校园或延期出发),待条件允许时再择日安排活动。

**第二十二条** 责任界定及纠纷处理实行安全责任交接制度,试点学校要在研学旅行全过程中担负安全监管责任。学校在学生上车前应与服务单位履行签字交接制度(内容含学生人数、学生名单、交接责任),按保险合同约定,学生出校门上车前安全责任由学校和所承保的保险公司承担,上车后直至学生返校学校签字交接前相关安全责任由服务单位、接待单位和所承保的保险公司承担。关于安全事故责任,依据相关法律法规,由相关职能部门调查意见和相关责任协议进行协商,涉及民事赔偿有异议由法院裁定。

## 第五章 经费与保障

**第二十三条** 探索政府、学校、社会、家庭共同承担的多元化经费筹措机制,学生在研学旅行中产生的费用,要通过家长委员会征求学生、家长同意后,由服务单位收取,学校要监督服务单位,本着节俭原则,对于活动过程中吃住行等费用要做到精准核算，并进行公示。

第二十四条 各试点市教育行政部门要探索对家庭经济困难学生参与研学旅行活动的优惠政策。教育行政部门、试点学校、服务单位、接待单位应共同担当责任和义务，想方设法为家庭经济困难学生排忧解难，确保他们参与研学旅行活动。

第二十五条 各试点学校会同服务单位、接待单位在确定研学旅行主题活动方案后，要通过家长委员会及时向全体学生家长进行宣传，告知活动方案、安全举措和收费项目及标准等，取得学生家长的充分理解和大力支持，确保研学旅行活动顺利进行。

第二十六条 服务单位设计的研学旅行活动要主题鲜明、线路科学、费用合理，对家庭经济困难的学生要给与一定的减免；接待单位如涉及收费，应研究调整收费标准，所制定的收费标准要低于现有学生票价和旅游团队票价的最低限额，给予研学旅行活动特别的优惠。

## 第六章 任务和要求

第二十七条 省校外教育管理研究会、各级中小学生研学旅行协调小组、综合实践基地、相关接待单位要高度重视中小学生研学旅行理论研究和课程开发工作，确立课程标准，打造一批精品课程，供学校选用。市县教育行政部门要将研学旅行工作纳入常规教育教学研究范畴，努力形成高质量、高水平科研成果。

第二十八条 各试点学校要建立档案管理制度，档案资料包括：学校工作计划，研学旅行工作方案，委托合同或协议，研学旅行会议记录，照片影像资料，总结材料，教师优秀文稿，学生优秀文稿，研学旅行目的地人文资料，研学旅行专家学者授导词，评选表彰资料，家长反馈资料，对服务单位、接待单位服务的评价资料等。各学校要及时向当地教育行政部门报送研学旅行工作进展情况。

第二十九条 要注重学生研学旅行成果的积累，把研学旅行成果纳入学生综合素质评价体系，逐步在过程性评价和终结性评价中给予体现。各试点学校在完成研学旅行主题活动后，必须及时将研学旅行工作总结、研究报告、心得体会、图片资料报上级研学旅行工作协调小组办公室。优秀资料将入选我省中小学研学旅行资料汇编，省中小学生研学旅行工作协调小组办公室将根据实际需要适时召开经验交流会、推进会、现场观摩会等。

第三十条 进一步加强研学旅行宣传工作，扩大研学旅行的社会影响力，推动全社会关注和支持研学旅行工作。各级中小学生研学旅行协调小组各成员单位和中小学校，在开展研学旅行活动工作中，要及时加强与电台、电视台、报刊等新闻媒体的联系沟通与合作；要充分发挥qq群、微信公众平台和网站的作用，形成经常性的信息交流机制；协调电台、电视台加强研学旅行专题专栏报道，及时宣传好典型、好主题、好案例，形成良好的舆论氛围。

第三十一条 建立健全情况通报制度。省中小学生研学旅行协调小组办公室、省校外教育管理研究会要定期编印研学旅行工作简报和情况通报，推介工作经验，通报存在问题，推进研学旅行工作安全、健康发展。

## 第七章 附 则

第三十二条 本办法适用于湖北省中小学生研学旅行试点管理工作。

第三十三条 各试点地区可根据本办法,结合区域具体情况,制定本地实施细则。

第三十四条 本办法由省教育厅负责解释。

第三十五条 本办法自发布之日起试行。

(注:通知中湖北省文化厅和湖北省旅游委现为湖北省文旅厅,湖北省食品药品监督管理局和湖北省物价局现为湖北省市场监管局,湖北省卫生和计划生育委员会现为湖北省卫健委,湖北保监局现为湖北银保监局。)

# 附录 C

## 十堰市教育局等 12 部门关于印发《十堰市中小学生研学旅行工作实施方案》的通知

十教发〔2019〕68 号

各县（市、区）教育局（含十堰经济开发区、武当山特区）、发展和改革局、公安局、财政局、交通运输局、文化和旅游局、市场监督管理局、卫生健康局、银保监分局、团委、科学技术协会，市直各学校：

现将《十堰市中小学生研学旅行工作实施方案（试行）》印发给你们，请按照要求，认真贯彻执行。

十堰市教育局　十堰市发展和改革委员会　十堰市公安局
十堰市财政局　十堰市交通运输局　十堰市文化和旅游局
十堰市市场监督管理局　十堰市卫生健康委员会　十堰银保监分局
共青团十堰市委　十堰市科学技术协会　武汉局集团有限公司十堰车务段
2019 年 11 月 5 日

## 十堰市中小学生研学旅行工作实施方案
（试行）

为切实做好我市中小学生研学旅行工作，根据《教育部等 11 部门关于推进中小学生研学旅行的意见》（教基一〔2016〕8 号）和《省教育厅等 11 部门关于转发〈意见〉的通知》（鄂教基〔2017〕2 号）要求，结合我市实际，制定本方案。

### 一、指导思想

全面贯彻党的教育方针，落实立德树人根本任务，深化基础教育综合改革，为学生的终身发展打下良好的基础。坚持教育性、实践性、安全性、公益性原则，创新教育方式，组织学生通过集体旅行、集中食宿方式开展研究性学习和旅行体验相结合的校外教育活动，切实增强学生的社会责任感、创新精神和实践能力。

## 二、主要内容及措施

（一）纳入中小学教育教学计划

各中小学要结合实际，逐步把研学旅行纳入学校教育教学计划，与综合实践活动课程统筹考虑，促进研学旅行和学校课程有机融合。研学旅行一般安排在小学4至6年级，初中1至2年级，高中1—2年级中开展，原则上每学年累计时间：小学4至6年级4—5天，初中1至2年级5—6天，高中1—2年级5—7天，一般情况下在3至5月、9至11月等6个月中进行，学校可根据教育教学计划和学生活动实际情况灵活安排。禁止学校在寒暑假及法定节假日期间安排研学旅行。原则上，小学、初中、高中学段分别在本县域、市域、省域范围内开展活动。要坚持学生全员参与的原则，通过整年级、整班集体行动的方式进行，学校应安排管理人员、校医或聘请医护人员随行，每班配备3人左右的随行教师。学校管理人员、教师和工作人员组织参与研学旅行活动计入教育教学工作量。如学生确因特殊情况不能参加者，必须由家长出具请假证明，经同意后，由家长切实履行监护责任，妥善安排学生的学习生活。

（二）建立研学服务准入机制

教育部门牵头，联合相关部门，根据《国家旅游局〈研学旅行服务规范〉》(LB/T 054—2016)和《省教育厅、省旅游委、省文化厅关于印发〈湖北省中小学研学旅行单位基本条件〉的通知》(鄂教基〔2018〕31号)要求，建立研学服务准入机制。

1．遴选研学旅行基地（营地）。建立基地（营地）准入标准、退出机制和评价体系。鼓励全市各部门发挥自身优势，整合自然和非物质文化遗产资源、红色教育资源、大型公共设施、知名院校、工矿企业、科研机构、综合实践基地等，建设一批安全适宜、主题鲜明、体验丰富的中小学生研究旅行基地（营地），予以认定授牌。各级教育行政部门分学段精心打造一批面向本区域的示范性研学旅行精品线路，逐步形成布局合理、互联互通的研学旅行网，为学校开展研学旅行提供菜单式服务。各学校开展的研学旅行应在各级教育行政部门等单位共同命名的基地、营地开展。学生原则上在研学点就近的研学营地集中食宿，确保学生食宿安全。

2．推荐研学旅行社。探索建立旅行社准入标准、退出机制和考核机制。公示一批有资质的旅行社作为我市中小学生研学旅行推荐旅行社。各学校开展的研学旅行活动如需与旅行社合作，应在推荐的旅行社中选择。被推荐的旅行社应成立专门的研学旅行部门，培育和建立针对学生不同年龄和不同研学主题的专业导游队伍；应对导游进行安全风险及应急救援技能培训；应负责对学生进行风险提示和安全培训。

3．推荐道路运输企业。公示一批有资质的道路运输企业作为我市中小学研学旅行推荐道路运输企业。各学校在开展研学旅行活动过程中如需车辆服务，应在推荐的道路运输企业中选择。

所有参与研学服务的机构应与学校、家长委员会协商制定研学旅行方案，确定优惠的研学旅行服务收费标准，对家庭特别困难的学生进行费用减免。

（三）开发研学旅行课程。教科研部门、研学旅行基地（营地）、研学旅行服务机构等都可以根据《省教育厅关于印发〈湖北省中小学研学旅行课程指南（试行）〉的通知》（鄂教基〔2018〕5号）要求，开发研学旅行课程，并对课程质量负责。教科研部门指导各地结合学段特点和地域特色做好研学旅行课程开发工作，加强研学课程的审核和动态监管，逐步建立小学阶段以乡土县情为主、初中阶段以市情省情为主、高中阶段以省情国情为主的研学旅行活动课程体系；建立专题台账，做好研学旅行课程的实施和评价，避免"只旅不学"或"只学不旅"现象。

（四）完善家长委员会制度。各地各学校要健全完善家长委员会制度，分班级、年级、学校逐级建立健全家长委员会，邀请家长委员会代表参与研学旅行全过程：参与研学旅行方案制定及服务单位、接待单位的选定；学校、家长委员会共同与旅行社（或交通服务公司）、基地（营地）签订协议书，明确安全责任、服务内容、收费标准等；家长委员会负责相关费用的收支并向全体家长公示；邀请适当的家长志愿者参与学生研学旅行，配合做好学生活动的管理和安全保障工作，并对研学旅行全过程中学校、旅行社、基地落实各项工作情况进行监督。

（五）落实研学活动经费。各级各部门密切配合，切实落实研学旅行各环节优惠举措。各地可采取多种形式、多种渠道筹措中小学生研学旅行经费，探索建立政府、学校、社会、家庭共同承担的多元化经费筹措机制。鼓励通过社会捐赠、公益性活动等形式支持开展研学旅行。

### 三、工作要求

（一）加强统筹协调。成立十堰市中小学研学旅行工作协调小组，负责我市中小学生研学旅行的统筹规划和管理指导，推动形成符合我市实际的研学旅行管理模式和规章制度。各地要参照市研学旅行工作协调小组，成立相应组织机构，各中小学要建立校长负总责，分管副校长具体抓，政教处及家长委员会具体实施，共青团（少先队）、教务处、总务处等部门密切配合的工作机制，把相关职责进行层层分解，切实加强对研学旅行工作的组织领导和统筹规划。

（二）明确部门职责。由十堰市教育局牵头，市发改委、市公安局、市财政局、市交通运输局、市文化和旅游局、市市场监督管理局、市卫生健康委员会、十堰银保监分局、团市委、市科协、十堰车务段等相关部门参与配合，建立一套规范管理、责任清晰、保障安全的研学旅行工作机制。具体职责如下：

十堰市教育局：负责加强与省教育厅、市级相关部门联系沟通，明确政策要求；牵头制定相关文件，协助市政府办组织召开联席会议，安排部署工作任务，协调解决有关具体问题；将研学旅行纳入学校课程计划，纳入教育督导项目，形成工作常态；组织相关部门开展相关督导检查，汇总情况、上报信息，推进我市中小学生研学旅行工作。

各县（市、区）教育行政部门要加强对中小学开展研学旅行的指导和帮助，制定中小学生研学旅行工作规程，成立研学旅行课程专家指导组，负责对研学旅行课程研发进行指导审核；要督促学校落实安全责任，制定活动方案和安全预案；要对承接学生研学旅行的旅行社、基地的资质和服务等进行有效监督，发现问题及时指出，责令改正，并通报主管部门，作为对旅行社、基地考核的重要依据。

各中小学校要结合本地实际,将研学旅行纳入教育教学计划,精心制定活动方案,主动参与研学旅行课程的开发和设计;要配合家长委员会确定研学旅行线路,配合旅行社和基地做好研学旅行期间学生的组织、管理和评价工作。开展研学旅行活动,应按属地管理原则,报请当地教育主管部门审核批准。

十堰市发展和改革委员会:负责将研学旅行基地、营地建设纳入教育事业发展规划,给予政策支持。负责加强对研学旅行收费工作的事中事后监管,督促落实旅游价格优惠政策。

十堰市公安局:加强对研学基地、营地"三防"建设的安全监管,指导基地、营地健全完善突发事件应急处置预案及相关活动安全保卫工作方案。配合学校做好师生安全教育工作,学校组织研学旅行出发前,学校所在地公安部门配合学校开展安全专题教育,强化师生安全防范意识;对研学旅行涉及的住宿等公共经营场所加强安全监督;依法查处接送学生车辆的交通违法行为。

十堰市财政局:公办中小学家庭困难学生研学旅行工作经费,按现行财政体制分级负担,市本级中小学家庭困难学生研学旅行经费,纳入地方公共财政预算,从学校生均公用经费中统筹安排。

十堰市交通运输局:负责与教育等部门联合建立研学服务准入机制,督促有关运输企业做好学生出行交通工具的安全检查;积极协调道路运输企业安排好运力,按照国家有关法律法规严格执行儿童票价优惠政策。

交通运输、铁路部门:按照交通运输和铁路部门有关规定落实车票优惠政策,负责研学旅行车辆调度。根据研学旅行要求在能力范围内优先办理团体票,并开辟绿色通道;负责加强对参与研学旅行服务工作的运输企业、交通运输工具、交通运输从业人员进行规范管理,督促有关运输企业检查学生出行的车、船等交通工具,依法查处非法、违法运输行为。

十堰市文化和旅游局:负责与教育等部门联合建立研学服务准入机制,将研学旅行纳入旅行社业务管理,引导旅游相关单位开辟绿色通道,做好研学旅行服务、接待工作,确保行业诚信。协调相关场馆、景区、景点对中小学生开展研学旅行活动实行免费开放或门票优惠政策,提供优质研学服务。

十堰市市场监督管理局:负责查处研学旅行交通、旅游等方面违规乱收费行为。负责对研学旅行实践基地的食品安全、活动场所的特种设备安全加强监管,确保学生食品安全,特种设备安全。

十堰市卫生健康委员会:负责加强对研学旅行医疗救护、疾病防控等工作的指导。负责组织协调研学旅行人员生命健康受到损害或严重威胁等突发事件的医疗救援工作;做好研学旅行基地(营地)保健室、饮水安全、师生住宿卫生等工作督查。

十堰银保监分局:负责加强对市保险行业协会、保险公司的指导,监督保险公司严格履行保险合同,提高理赔服务效率,维护参保师生的合法保险权益。

共青团市委:积极支持研学旅行工作,鼓励开展社会捐赠、公益支持研学旅行活动。充分发挥团委、少先队的组织优势,协助做好研学旅行活动;充分发挥志愿者协会、各类社团优势,协助基地(营地)做好研学旅行优质服务。

十堰市科学技术协会:协调科技类基地(营地)、科技类资源支持研学旅行工作,负责指导研学旅行中相关科技活动。

十堰车务段:负责研学旅行铁路运输协调工作。

(三)规范组织管理。各地在推进研学旅行工作中,要注重规范管理,落实属地管理主体责任,按照"安全第一"的原则建立健全审批制度,按照工作有计划、外出有方案、应急有预案、行前有备案、结束有总结的"五有工作"模式,制定中小学研学旅行工作规程。建立健全研学旅行活动组织模式,由学校拟定活动计划和方案,按管理权限报教育行政部门核查、备案,通过家长委员会、致家长一封信或召开家长会等形式告知家长活动相关内容和信息,与家长签订明确学校、家长、学生责任权力的责任书,委托开展的学校要与受委托单位签订委托合同或协议,制定各类应急处置预案,确保研学旅行在严密的组织保障下进行。

(四)建立安全保障。研究制订科学有效的中小学研学旅行安全保障方案,落实安全主体责任和监管责任,实施分级备案制度。

学校要做好行前安全教育,在活动前、活动中,活动后均要有针对性的对师生开展安全教育,帮助他们掌握基本的安全救护常识。如遇恶劣气象或特殊情况,应及时取消或暂停研学旅行活动。学校要确认出行师生、随行家长购买意外伤害险。要把研学旅行的安全风险纳入学校安全风险防控体系建设中,必须足额投保校方责任险,与家长签订安全责任书,与参与研学旅行的机构签订安全责任书,明确各方责任。

教育行政部门按照管理权限对各学校上报的研学旅行主题活动方案和安全预案(含保单信息)进行审查、备案;建立健全与旅游、交通、公安、市场监管、保险等部门的安全协调机制,并在活动前做好与相关部门的工作对接。

(五)强化考核评价。建立健全中小学生参加研学旅行的评价机制,教育行政部门负责对学校组织情况进行评价,研学基地和学校负责对学生进行评价,学校和学生、家长负责对旅行社、道路运输企业、基地进行评价。评价结果纳入学生综合素质评价、学校教育质量综合评价和研学旅行社、道路运输企业、基地考评内容。

(六)加强宣传引导。各地要积极宣传研学旅行的重要意义,为研学旅行工作营造良好的社会环境和舆论氛围。各地要积极培育创建一批中小学生研学旅行示范学校,典型引路,做好示范。要积极探索有效形式,学习借鉴省内外先进经验,提高区域研学旅行质量,推动我市研学旅行工作健康发展。

各地、各部门和学校要认真总结经验,整理建立研学旅行各类档案文集。要加强理论研究,将研学旅行与学科课堂教学有机结合。要加强区域、学校间的交流互动,形成相互学习、相互促进的良好氛围。要充分利用报纸、电视、网络、新媒体等宣传途径,加强对中小学生研学旅行工作的宣传报道,争取家长、社会的理解支持,营造良好的社会氛围。

# 附录 D

## 十堰市郧阳区研学旅行工作领导小组关于印发《十堰市郧阳区中小学生研学旅行实施意见》的通知

各乡镇（场），区直各单位：

根据《教育部等 11 部门关于推进中小学生研学旅行的意见》《湖北省中长期教育改革和发展规划纲要（2011—2020 年）》《关于全区发展研学旅行工作专题会议纪要》等文件相关精神，结合我区实际，制定《十堰市郧阳区中小学生研学旅行实施意见》，现印发给你们，请遵照执行。

十堰市郧阳区研学旅行工作领导小组<br/>2019 年 9 月 19 日

## 十堰市郧阳区中小学生研学旅行实施意见

中小学生研学旅行是由教育部门和学校有计划地组织安排，通过集体旅行、集中食宿方式开展的研究性学习和旅行体验相结合的校外教育活动，是教育教学的重要内容，是综合实践育人的有效途径。根据《教育部等 11 部门关于推进中小学生研学旅行的意见》《湖北省中长期教育改革和发展规划纲要（2011—2020 年）》等文件相关精神，结合我区实际，现就推进我区中小学生研学旅行工作提出以下意见，请遵照执行。

### 一、指导思想

坚持以习近平新时代中国特色社会主义思想为指导，全国贯彻党的十九大精神和教育方针，不断深化基础教育改革，充分依托地域文化，结合学校特色，以立德树人为根本任务，培育社会主义核心价值观，增强学生生活技能、集体观念、创新精神和实践能力，全国提升中小学生综合素质，培养德智体美劳全国发展的社会主义建设者和接班人。

### 二、工作原则

（一）安全性原则。坚持"安全第一"，建立健全安全保障机制，明确安全保障责

读行郧阳

任，落实安全保障措施，努力做到万无一失，保证学生安全。

（二）教育性原则。研学旅行活动要体现中小学生的身心特点、接受能力和实际需要，突出生动直观、形象有趣、现场操作和现场体验，将教育性、知识性、科学性、趣味性融入其中，着力提升学生社会责任感、创新精神和实践动手能力。

（三）实践性原则。研学旅行要因地制宜，呈现地域特色，引导学生走出校园，在与日常生活不同的环境中拓展视野、丰富知识、了解社会、亲近自然、参与体验。

（四）公益性原则。坚持研学旅行的公益性质，不得开展以营利为目的的经营性创收，需要学生个人承担的费用，只能收取成本费，对特困家庭学生要减免费用，保障每一个学生都享有均等的参与机会。

（五）协同性原则。研学旅行是系统工程，涉及的部门一定要统筹协作，分工负责，创新体制机制，形成合力。

## 三、工作重点

（一）加强基地建设。根据研学旅行育人目标，激励有条件的自然和非物质文化遗产资源、红色教育资源、大型公共设施、工矿企业、综合实践基地等积极参与中小学生研学旅行基地（营地）遴选。探索建立基地准入标准、退出机制和评价体系。

（二）完善课程体系。按照小学阶段以乡土乡情为主、初中阶段以区情市情为主、高中阶段以省情国情为主的要求和中小学生身心发展实际，在自然、历史、地理、科技、人文、健康体验等领域，研究一批立意高远、目的明确、活动生动、学习有效的研学旅行精品课程，并将其纳入学校教育教学计划，建立开放式、多元化的实践教学体系。

（三）丰富参观线路。根据课程设置需要，青少年活动中心负责具体落实线路安排，依托研学旅行实践教育基地，开发不同学龄阶段、不同教育主题的研学旅行参观线路，逐步形成具有我区特色的研学旅行网络。

（四）规范组织实施。按照"活动有方案，行前有备案，应急有预案"的要求，建立中小学生研学旅行工作规程。建立健全研学旅行活动组织模式，由学校拟定活动计划，报教育局核查、备案，通过家长委员会、致家长一封信或召开家长会等形式告知家长活动相关内容和信息，与家长签订协议书，明确学校、家长、学生责任权利。

（五）强化经费保障。建立政府、学校、社会、家庭共同承担的多元化经费筹措机制，交通运输部门要根据研学旅行需求在能力范围内积极安排运力，文化、旅游等部门要对中小学生研学旅行实施减免场馆、景区、景点门票政策并提供优质旅游服务，保险监督管理机构负责指导保险行业提供并优化校方责任险、旅行社责任险等相关产品，并建立保险费率浮动机制。鼓励通过社会捐赠、公益性活动等形式支持开展研学旅行。

（六）压实安全责任。研究制订科学有效的中小学生研学旅行安全保障方案，建立健全安全责任落实、事故处理、责任界定及纠纷处理机制，落实安全主体责任和监管责任，实施分级备案制度。教育行政部门按照管理权限负责督促学校落实安全责任，审查学校报送的活动方案（含保单信息）和应急预案；学校负责行前安全教育，负责确认出行师生购买意外险，必须投保校方责任险，与家长签订安全责任书，与受委托开展研学旅行的企业或机构签订安全责任书，明确各方责任。建立健全与旅游、交通、公安、食品药品监管、保险等部门的安全协调机制，督促其按规定落实各自职责。

（七）优化评价机制。研究制定研学旅行活动的督导方式和评价标准，定期做好督导评估工作，探索将督导评估结果纳入学校考评体系和学生综合素质评价体系。

### 四、工作机制及职责分工

成立十堰市郧阳区中小学生研学旅行领导小组，由区相关领导任组长、副组长，军民融合发展委员会、发展和改革局、教育局、公安局、财政局、自然资源和规划局、交通运输局、文化和旅游局、卫生和健康局、市场监督管理局等部门为成员，合力推进全区研学旅行工作。研学旅行领导小组负责我区中小学生研学旅行的统筹规划和管理指导，形成政府主导、部门分工负责、多渠道全方位协作的研学旅行管理机制，为研学旅行顺利开展提供有力的组织和制度保障。小组成员单位职责分工如下。

军民融合发展委员会：负责将国防、航空、航天、科技教育与研学旅行一并纳入规划，对研学旅行基地给予政策和技术支持。

发展和改革局：负责将研学旅行、营地（基地）建设纳入教育事业发展规划；负责加强对研学旅行收费工作的监管，督促落实交通、旅游等方面价格优惠政策，查处违规乱收费行为。

教育局：负责加强与省市教育部门、区级相关部门联络协调，争取形成我区研学旅行工作品牌；做好营（基）地审核、申报相关工作；牵头制定相关文件，组织召开工作会议；安排部署工作任务，协调解决有关具体问题；将研学旅行纳入学校课程计划，纳入教育督导项目，形成工作常态；组织开展相关督导检查，汇总情况、上报信息、定期通报，督促各部门完成各自任务。

公安局：负责指导、监督、协调研学旅行相关安全管理工作，积极支持学校对师生研学旅行进行安全教育。

财政局：积极支持研学旅行工作，配合相关部门探索建立政府、学校、社会、家庭共担的经费筹措机制，逐步发挥政府引导作用。

自然资源和规划局：负责对自然保护区、风景名胜区、自然遗产、地质公园等管理职责进行整合，积极支持研学旅行工作。

交通运输局：负责加强对参与研学旅行服务工作的运输企业、交通运输工具、交通运输从业人员进行规范管理。

文化和旅游局：协同教育部门做好基地课程开发、考核、授牌，并积极申报省级、国家级基地；负责整合旅游资源支持中小学生研学旅行工作，博物馆、文化馆等公益性文化场所对学生免费开放，引导旅游相关单位开辟绿色通道、优惠减免景点门票；负责将研学旅行纳入旅行社业务管理，做好研学旅行服务、接待工作，确保行业诚信。

读行郧阳

卫生和健康局：负责加强对研学旅行医疗救护、疾病防控等工作的指导，协调做好相关工作。

市场监督管理局：负责对研学旅行基地的食品安全加强监管，防止食物中毒。

城关镇：积极支持研学旅行工作，积极协调、督办、服务活动中心场地扩建、公路规划等工作。

共青团郧阳区委：积极支持研学旅行工作，负责开展社会捐赠、公益支持研学旅行活动。

城投公司：负责区青少年活动中心营地基础设施扩建投入，积极为公司运营出谋划策；加强对运营企业绩效考核、业务督导工作。

供电公司：积极支持研学旅行工作，及时维护电力设施，确保供电安全畅通。

## 五、工作要求

（一）规范组织实施。全区中小学生研学旅行工作，在教学时间内用综合实践活动课时开展，一般安排在3至5月、9至11月进行。学校可根据教育教学计划、学生活动实际情况灵活安排。禁止学校在寒暑假及法定长假、小长假期间安排研学旅行。

（二）部门各尽其责。研学旅行工作涉及多个部门、涉及中小学生安全健康，社会关注度高，各领导小组成员单位要充分发挥职能作用，为研学旅行活动提供有力的保障，区教育局加强对研学旅行活动的管理指导和统筹规划，与文化、旅游、交通等部门密切配合，以区青少年活动中心创建省级示范性中小学生研学旅行实践教育基地为抓手，积极稳妥的组织开展研学旅行工作。

（三）定期督导检查。区研学旅行工作领导小组办公室定期通报全区研学旅行工作情况，探索研究与学校考核评价和学生综合素质评价挂钩的科学评价体系建设，检查工作推进落实情况，加强督查督办指导工作。各级各部门要积极创新宣传内容和形式，向家长、学生、社会宣传"读万卷书、行万里路"的重要意义，为研学旅行工作营造良好的社会环境和舆论氛围。

# 参考文献

[1] 湖北省博物馆.郧县人:长江中游的远古人类[M].北京:文物出版社,2007.
[2] 胡勤.十堰馆藏文物精品图集[M].武汉:长江出版社,2013.
[3] 柳长毅.郧县八百年[M].武汉:湖北人民出版社,2012.
[4] 柳长毅,匡裕从.郧阳文化论纲[M].武汉:湖北人民出版社,2012.
[5] 周兴明.郧阳考古发现[M].武汉:湖北人民出版社,2012.
[6] 周兴明.郧阳文化研究文集[M].武汉:湖北人民出版社,2012.
[7] 周兴明.郧阳文物[M].香港:中国文化出版社,2019.
[8] 薛兵旺,杨崇君.研学旅行概论[M].北京:旅游教育出版社,2020.
[9] 薛兵旺,杨崇君,官振强.研学旅行实用教程[M].武汉:华中科技大学出版社,2020.
[10] 湖北省自然资源厅.大自然的精华:湖北矿物[M].武汉:中国地质大学出版社,2019.

# 郧阳研学寻访记

一本《读行郧阳》放在面前,主编杨崇君教授委托我作后记,我觉得此书已有前言,不必赘述,仅就我在郧阳研学寻访的情况,略抒感想。

这本服务、指导湖北省十堰市郧阳区研学旅行课程开发设计的教材教参,其构思之完整、分类之鲜明、内容之丰富、文字之优美,在目前国内同类书中并不多见,称得上是精心之作和耐读之文。

我曾有幸前往郧阳实地调研当地的研学旅行发展情况,因此对郧阳研学的背景和总体情况有直观的印象,这也许能帮助读者对此书有更深入的了解。

2020年我走进郧阳时,曾思考三个问题,即为何多年过去,研学旅行还未在各区县普及?为何一项教育政策在基层落实的力度会不同?有什么举措能让研学旅行遍地开花?

2020年11月27日早上,我乘坐西安至十堰的绿皮火车,穿越秦岭向东南方向前行。退休四年来,我虽然多次为研学旅行四处奔走呐喊,但是真正深入一个市辖区进行寻访还是第一次。我想,在——这个位于中国雄鸡版图的心脏位置的地方——十堰,也许会有像发现恐龙蛋化石群一样寻找到研学旅行的"意外之喜"。此时,时任郧阳区副区长的杨崇君教授,马上就要完成挂职锻炼返回武汉了,我必须在她返程前赶到郧阳。

到达郧阳时已临近中午,这里正在隆重地举行"'郧阳人'头骨化石发现30周年学术研讨会",全国各地的考古专家云集一堂,在郧阳这个古人类化石"聚宝盆"中,探索人类繁衍的踪迹。

我下榻的酒店在滔滔汉江边,临窗阅读《读行郧阳》,我发现郧阳具有十分丰富的研学旅行资源,从文旅角度看,有其独特性和不可复制性;从教育角度看,正如书中目录所示——寻"四色"之优美、探"三源"之神奇、究"两进"之奥妙，它不仅描绘出郧阳研学的鲜明主题，还展现了郧阳研学的精品线路。当晚，我终于见到了忙碌了一天的杨崇君教授，按照提前准备的采访提纲，我和她进行了长时间的对话。

第二天我们开始考察工作，虽然郧阳区属于湖北省较偏远的地区，但这里已有14家区级及以上研学旅行基地，无论是在樱桃沟见证美丽乡村建设，还是在龙韵村感受搬迁脱贫后的崭新景象；无论是站在南水北调主题公园岸边遥望汉江水远去，还是在青龙山恐龙蛋化石群国家地质公园近观砂砾岩中的恐龙蛋，都让我兴致勃勃、思绪纷繁。一路上，我同杨崇君教授的交谈氛围也格外热烈，她如数家珍般、绘声绘色地介绍着郧阳的研学旅行资源，在我眼中，她俨然已成为一名熟知当地风土的热情导游，同时又是一位业务熟练的研学导师。

当天下午，我们来到郧阳区青少年活动中心，旁边的工地传来推土机工作的阵阵轰鸣声，郧阳区青少年活动中心王先波主任介绍：区政府给予青少年活动中心大力支持，中心正在按照规划完善活动场地，工程结束后预计可容纳2200名学生同时吃住。区政府对郧阳研学的重视又让我不由感慨这"意外之喜"。碰巧这里正在召开《读行研学》一书的编写研讨会，让我"意外"的是编写组人员既有郧阳区作家协会会员，也有中小学校教师，有这样一个既熟悉基层教育又有文字功底的团队，编写的研学书籍一定能更具实用性和可操作性。研讨会一直延续到中午用餐时间，我被郧阳的研学精神深深打动，便找出了曾写的几首研学诗歌，为在座的专家们高声朗诵。

第三天上午，时任郧阳区委书记孙道军同志在百忙中约见我们。在他简朴的办公室里，我们深入地交流了郧阳研学发展的经验，展望了未来发展的蓝图。他一再强调要将研学旅行视为乡村振兴的一大抓手，县域文旅事业的发展少不了研学旅行新业态的支撑，政府必须支持相关部门放手大干。他还表达了对杨崇君教授辛勤工作的感激之情。告别了孙道军同志后，我提出去杨崇君教授的办公室看看，她说自己的东西已经搬回武汉，坐在空空荡荡的办公桌前，我为她拍下了几张工作照，从她留恋的目光中我能感受到她对郧阳的恋恋不舍。

2020年11月29日下午2点，我们乘坐由十堰至武汉的高铁，一路上仍然讨论着郧阳研学的成功，总结起来可以概括为以下六点：一是区政府高度重视，一把手亲力亲为，将发展研学旅行纳入区委、区政府的重要工作项目；二是组织得力，相关部门分工负责，在人力、物力方面给予研学旅行发展大力支持；三是行动迅速，无论是下发促进研学旅行发展的相关文件还是部门协调配合，群策群力，各部门都行动迅速；四是创造条件，郧阳通过遴选，让一批当地研学旅行基地、营地脱颖而出；五是落实课程，统筹安排，由专家领衔主编《读行郧阳》研学教材，系统地设计郧阳研学旅行课程，为学生们打造出实用、耐读的好教材；六是执行有力，绝大部分中小学先后数次走出校门，开展了丰富多彩的研学活动。

不知不觉到达武汉站了，然而我们的讨论还远没有结束，我只能送杨崇君教授走出车厢，在站台前与她合影留念，目送她消失在人群中。

高铁还在向着南京方向前行，我回想自己在郧阳三天两夜的难忘经历，翻看着自己断断续续写下的文字，重新播放着采访杨崇君教授时的一段段录音，不禁问自己：郧阳研学还有什么"意外之喜"？一位挂职锻炼的"教书匠"即使缺少从政经验，为何也能如此出色地完成工作？所谓的爱岗敬业、行家里手、精通业务等特质，在郧阳研学的实践中是怎样体现的？武汉商学院旅游管理学院在郧阳的研学理论与实践方面所给予的大力支持，能不能被其他地方复制？郧阳研学对更多的区县有什么启示？我国研学旅行怎样在基层加快发展？所有问题的答案在我的脑海里越来越清晰。一些所谓的难事，看似难，实则不难，关键是看你怎样做。郧阳人在当年屈原流放过的土地上，用"同舟共济、团结拼搏、力争上游"的龙舟精神，展现着自己心中热爱故乡、热爱"人类老家"的美好情感，肩负着报效祖国、振兴中华的使命。因此，在研学旅行这项普通工作中，郧阳毫不意外地绽放出灿烂的光芒，也理应在全国研学旅行实践工作中成为夺目的亮点。到达南京站时，天色已晚，为期五天的西安市研学实践教育工作培训会将在第二天上午开班，作为一名尚不服老还想发挥余热的教育工作者，我明白自己的第一场讲课，应该怎样展现郧阳研学的美好了……

韩新

2020 年 12 月 28 日